Adhémard LESFARGUES-LAGRANGE

NOS MÉDECINS BORDELAIS

En 1878

PREMIÈRE SÉRIE

Prix : 1 franc.

BORDEAUX
IMPRIMERIE GÉNÉRALE D'ÉMILE CRUGY
16, rue et hôtel Saint-Siméon, 16
1878

AUX LECTEURS

Depuis l'apparition de la deuxième édition (qui sera la dernière) de *Bordelaises et Bordelais en 1878*, où figurent quelques types nouveaux, j'ai reçu verbalement et par écrit d'affectueuses sollicitations que je considère comme un encouragement sérieux poussant à la continuation de l'œuvre commencée.

Je n'ai rien à refuser à mes lecteurs, d'autant plus que je suis peut-être en mesure de les satisfaire dans des goûts qui les honorent, goûts éminemment français, et que les petits esprits seuls peuvent envisager avec ce superbe dédain qui tient lieu d'intelligence aux sots.

Mais il ne faut pas se dissimuler que la tâche qui consiste à toucher de près à des personnalités, souvent très-susceptibles, est une tâche ardue et compliquée.

Après avoir écrit les *Cuisiniers politiques bordelais*, ce n'était point sans une sorte d'anxiété que j'attendais l'effet que ce livre devait produire comme fond et comme forme sur les lecteurs en général, et sur les personnages qui y jouaient un rôle en particulier. Je ne pouvais craindre, il est vrai, qu'une chose : un froid accueil ; le reste m'importait peu. Bref, les espérances que je nourrissais n'ont pas été déçues : à part quelques inévitables petits incidents, sous forme de mesquines provocations ; quelques emportements insensés, réprimés d'un signe ; quelques missives sans valeur comme sans signature, — tout s'est passé au gré de mes désirs ; désirs qui ne reposaient point sur le chapiteau que l'on pourrait appeler *gloriole littéraire*, sur lequel s'appuient les écrivains superficiels accessibles aux partialités, — mais qui visaient la situation intellectuelle de notre vieille Aquitaine. J'avais à cœur que l'on pût dire à notre époque fiévreuse : « Bordeaux n'est pas seulement l'honneur de la Gaule : la majorité des Bordelais est formée d'Athéniens ! »

Et les *Cuisiniers politiques* ont eu trois éditions successives.

Ce qui m'a donc encouragé à écrire *Bordelaises et Bordelais en 1878*, c'est que j'ai la certitude que la satire est en famille dans nos climats, parce que l'on est susceptible d'y savourer la moindre parcelle appartenant de près ou de loin à l'esprit gaulois.

Le dernier volume a reçu le même accueil que ses devanciers, et s'il n'a pas eu les honneurs d'une troisième édition, c'est parce que je me propose, suivant la demande qui m'en a été faite, de continuer la galerie d'une autre façon.

Les innombrables notes que je possède sur les hommes marquants de Bordeaux ; celles que je reçois tous les jours d'amis sérieux et dévoués — comme si la *Foire aux idées* avait établi dans nos murs ses pénates, — et celles surtout que je prends journellement depuis de longues années, ne peuvent que me faciliter dans l'accomplissement de l'œuvre entreprise.

Les quelques types de médecins offerts au public dans

la deuxième édition de *Bordelaises et Bordelais*, ont été particulièrement goûtés.

Il est évident que les médecins, en tous lieux, sont mis au rang des notabilités : il ne peut en être autrement pour ceux qui touchent à ces deux extrêmes qui sont la vie et la mort. Mais, à Bordeaux, les médecins tiennent tellement le haut du pavé; ils ont tellement la haute main un peu sur tout; leurs allures sont si particulières, — pour ne pas dire si originales, — qu'ils ne peuvent manquer d'être considérés comme des personnages d'une très-grande importance.

Partant, les médecins doivent avoir le pas dans notre galerie. A tout seigneur, tout honneur !

Je prendrai les personnages au hasard, sans m'inquiéter de n'importe quel classement, suivant que leur nom me viendra à la mémoire. Ceux que j'ai l'honneur de présenter aujourd'hui à mes lecteurs ne forment qu'une *première série*, qui sera suivie par d'autres.

Le champ médical bordelais est un champ plantureux où l'on peut faire d'abondantes moissons. Et je puis assurer que, dans ce travail délicat sur un terrain brûlant, tous mes efforts tendront à ce que la plus franche courtoisie y tienne la place d'honneur : ma plume sera maintenue dans les limites qui lui appartiennent; mais elle s'y exercera en toute sécurité, sans peur et sans reproche, parce qu'elle aura pour point d'appui la bonne foi et la logique.

En effet, tel est le soin apporté dans l'accomplissement de ce travail, qu'il m'est permis de douter que l'on puisse s'inscrire en faux contre le fond qui lui sert de base. Les opinions émises dans l'alcôve ou le cabinet ne signifient presque rien; les seules valables sont celles émises tout haut et à la lumière. J'en appellerai toujours à celles-là.

Quand je dirai qu'à Bordeaux la médecine est livrée au charlatanisme; que la coterie y a joué et y joue encore un grand premier rôle ; que le *cousinage* y fait sentir ses effets au détriment de la marche scientifique, — eh bien ! qui osera dire tout haut que cette énonciation est fausse ?

Personne d'intelligent ; à coup sûr, pas un médecin !

Les faits sont des arguments devant lesquels on est forcé de s'incliner.

Maintenant, si l'on tient à connaître mon opinion sur les médecins en général, je puis la donner à tous vents. Au fond, j'admire ces intrépides travailleurs dans leurs recherches difficiles et incessantes ; j'oserais même les placer au bataillon d'honneur dans le grand régiment des pionniers scientifiques ; — mais il ne m'est pas possible de reconnaître que les résultats obtenus marchent de pair avec un aussi rude labeur. Hélas ! ce n'est pas leur faute, car ils ont à lutter avec un ennemi terrible : la désorganisation physique, qui marchera toujours plus vite dans son mouvement en arrière que la science dans sa course en avant.

Quoi qu'il en soit de la situation physiologique générale, je vais rééditer ici ce que j'ai dit ailleurs : « Bordeaux possède des chirurgiens qui vous couperaient la jambe si habilement, que vous ne vous en apercevriez que lorsque votre cordonnier viendrait vous prendre mesure de bottes ; des médecins qui vous sortiraient d'entre les ciseaux de la Parque, quand bien même l'une des lames aurait commencé son office. Mais il en est aussi qui possèdent toutes les aptitudes pour d'autres genres : ils auraient pu faire de bons cordonniers, de remarquables bouchers ou d'excellents maçons !... »

Aux principaux intéressés à approfondir davantage. Qu'on n'oublie pas que pour être bon médecin il faut être grand observateur. Et surtout que le lecteur sache bien qu'en fait de médecine, le charlatanisme et le somnambulisme sont deux plaies qui déshonorent la science sans que la santé publique ait à en tirer le moindre profit !...

Ceci dit, sans avoir la moindre intention de toucher à la réputation établie des hautes personnalités médicales, je vais mettre sous les yeux du lecteur une première série de nos médecins bordelais, qu'il pourra juger à sa manière après lecture comme avant. Quant à moi, je me mets en observation pour savoir si ces cuisiniers de la santé publique ont aussi bon caractère que les cuisiniers politiques bordelais.

Qui vivra verra !...

Bordeaux, 1er juillet 1878.

NOS MÉDECINS BORDELAIS

EN 1878

M. MABIT

M. Mabit est le fils d'un ancien directeur de l'École de médecine qui s'est acquis une certaine notoriété dans le clan médical en y introduisant l'homœopathie, fraîchement débarquée aux portes de Bordeaux grâce au steamer *le Tudesque*, qui l'avait prise en Germanie.

M. Mabit fronce ses sourcils grisonnants et se pince les lèvres de dépit quand un malin confrère lui remémore cette tradition. Mais il devient souriant et se hausse de manière à montrer ses jolis souliers découverts et ses culottes courtes quand on lui dit ouvertement qu'il est « le gendre de son beau-père ». Il appartient, du reste, aux de Sèze par les deux bouts.

Sous la Restauration, le docteur de Sèze était recteur de l'Académie de Bordeaux. Aussi M. le docteur Mabit, son gendre, s'est-il cru digne d'être quelque chose dans l'Université, où il est entré en se faisant nommer... médecin du Lycée.

On sait qu'il a été fait chevalier grâce à l'influence de M. Troplong, et que l'amitié de M. Victor Lefranc a contribué à la transformation de sa croix de chevalier en croix d'officier.

Notre héros est professeur de clinique interne à l'École de médecine. On dit même que s'il n'a pas été nommé directeur de la susdite Ecole, ce n'est pas lui précisément qui est à blâmer. Mais il est notoire que, dans la carrière enseignante, il est loin d'avoir obtenu le même succès que dans la carrière pratiquante.

Ce quasi-burgrave du corps médical bordelais a été un type d'étudiant parisien. Il a séjourné, séjourné et séjourné dans la capitale. Aujourd'hui c'est un praticien dont la réputation est presque en vogue aussi bien dans la demi-société que dans celle qui représente la pleine lune.

M. Mabit est élégant, cultivé dans son extérieur, gracieux et sympathique pour ses clients et clientes. L'une de ces dernières s'écriait un jour, dans un paroxysme d'enthousiasme :

« Comment fera-t-on après la mort du docteur Mabit? »

Ah ! oui ! cette exclamation naïve prête à la réflexion, car on ne pourra pas crier : « Mabit est mort, vive Mabit ! »

Il n'y a qu'un Mabit par siècle, comme il n'y a par siècle qu'un Confucius, qu'un Gagne ou qu'un Bertron, voire même qu'un Lamarque. Il est des types entre tous les types : M. Mabit est de ceux-là.

Vous autres malins, cherchez donc à Bordeaux un personnage mieux ganté, mieux rasé, mieux frisé, dont la taille soit mieux développée sous une redingote parfaite; qui se dandine en marchant avec plus de goût et de légèreté. Vous n'en trouverez pas... même parmi les médecins. Ajoutons que M. Mabit balance avec une distinction de muscadin ses membres supérieurs (comme on dit en histoire naturelle) et qu'il sait que Dieu a donné la parole à l'homme pour déguiser sa pensée... et des yeux pour parler.

M. Mabit est spirituel et caustique, très-pomponné les jours de parade et de revue professionnelle. Ses discours officiels se mirent dans son extérieur. Ils sont cousins germains du superficiel, ou, si vous voulez, de la quintessence superficielle. Il y a en lui la forme dans toute sa splendeur; mais c'est toujours la forme : il est bien plus l'homme du boudoir que celui de la chaire, et le dévouement professionnel est peut-être beaucoup plus sur ses lèvres que dans son cœur.

Les cas où il a pu montrer de sérieuses connaissances scientifiques dans des consultations épineuses sont faciles à additionner, et les Sociétés savantes qui peuvent se targuer d'avoir reçu de lui quelque communication ne sont pas nombreuses.

Ce docteur Bergamotte a de l'analogie avec l'officier félicité à chaque moment, en temps de paix, sur sa belle tenue, mais qui, pendant la bataille, ne surpasse en rien ses compagnons.

Cependant les honneurs et les gros traitements ont plu' sur la tête de ce gros bonnet du corps médical, et il en impose tellement quand il se rend dans l'Établissement des sourdes-muettes, que pas une de ces dernières n'a encore osé prononcer un mot en sa présence.

Dans l'Association des médecins, il est un *président à vie*.

Pourquoi? Parce qu'on n'ose toucher à une aussi puissante personnalité.

> Ne touchez pas à l'Arche sainte,
> Ambitieux jeunes encor;
> Que pas un cri, pas une plainte
> N'effleurent votre bouche d'or.
> Imitez ceux qui se prélassent,
> Muets, le long des piliers...
> Les courtisans de Mabit passent,
> Cachez vos rouges tabliers!...

> De l'Olympe où Jupin s'attache
> Des demi-dieux considérés,
> Un *calmant* parfois se détache
> Et tombe sur les altérés.
> A l'heure où les corbeaux croassent,
> Le soir, autour des peupliers,
> Les partisans de Mabit passent,
> Cachez vos rouges tabliers!...

Si bien que lorsque des insinuations visant la soif des honneurs présidentiels ou autres se font jour quelque part, les adorateurs intéressés de l'idole savent comment il faut s'y prendre pour calmer

> Ces pelés, ces galeux
> D'où viendrait tout le mal !...

Hélas ! qu'ils sont clair-semés les membres de la *Diète médicale* notés pour l'obtention de la couronne présidentielle ? Que de têtes parfaitement rondes sont numérotées « têtes carrées » dans les hautes sphères !

Ainsi va le monde, et surtout le monde médical !

Quoi qu'il en soit, M. Mabit vient d'être nommé professeur de clinique interne à la nouvelle Faculté de médecine. Puisse-t-il se mettre sérieusement à l'œuvre et oublier cette devise, issue d'une source artificielle, qui prétend que de jolis souliers à boucles et des parfums dans la chevelure servent quelquefois mieux pour arriver d'un point à un autre que des bottes de sept lieues.

Dignité, honorabilité et dévouement professionnel obligent.

M. Charles DUBREUILH

M. Charles Dubreuilh est le fils d'un ancien praticien aimé et estimé de tous ses confrères et clients, et gendre du célèbre pharmacien Fauré, qui, du fond de son officine, arriva aux plus hautes fonctions municipales.

La situation du beau-père contribua beaucoup à faire nommer le gendre professeur à la Maternité, vaccinateur « du Département », médecin du Chemin de fer du Midi, médecin-adjoint aux Sourdes-Muettes, etc., etc.

C'est donc M. le docteur Charles — je l'appellerai ainsi parce qu'il y a d'autres Dubreuilh dans la confrérie et qu'il ne faut pas qu'il y ait méprise, — c'est le docteur Charles, dis-je, qui est chargé de vacciner le département. Tudieu ! que de besogne !... Autant vaudrait avoir mission de vacciner le Pirée. Quant au Chemin de fer du Midi, je ne sais trop indiquer si le personnel ne veut ou ne peut avoir M. Dubreuilh à aucun prix. De ces deux versions, l'une est bonne assurément ; mais je ne puis préciser davantage.

On prétend cependant que le docteur Charles a exercé ses talents de vaccinateur sur bon nombre de locomotives de la Compagnie du Chemin de fer du Midi, et que cet acte scientifique a réussi au delà de toute espérance : pas une locomotive, pas le moindre wagonnet de la Compagnie n'ont été atteints de la petite vérole pendant l'épidémie qui a couru... et qui court peut-être encore.

On prétend aussi qu'autrefois le docteur Charles se mit à la tête d'un groupe formé par une cinquantaine de confrères dans le but de réagir contre l'omnipotence d'une coterie qui s'appelait la « coterie Gintrac ».

Mais cela est de l'histoire ancienne. Passons.

Le docteur Charles est petit, maigre, pâle, brun, un peu voûté ; il marche comme un écureuil, et il ne regarde jamais en face, à moins toutefois...
Il allonge sa petite taille au moyen d'une redingote avantageuse, teint avec précaution sa chevelure et sa barbe, et il est presque aussi soigneux de sa personne que son honorable collègue aux Sourdes-Muettes... Comme noblesse, situation oblige : le docteur Dubreuilh a près de soixante ans, et il faut qu'il paraisse jeune ; que dis-je ? il faut qu'il soit jeune !

Hélas ! tout n'est pas rose dans le métier de docteur. Je veux dire par là que les roses du Bengale entrevues par le vulgaire ne sont quelquefois que de modestes œillets : c'est déjà beaucoup !...

« Si je n'étais Alexandre, disait le fils de Philippe, je voudrais être Diogène ! »

Si M. Charles Dubreuilh n'était docteur, il voudrait être sergent de ville.

La profession de gardien de la paix, quand elle est

consciencieusement remplie, est aussi honorable que bien d'autres, et l'on peut s'y signaler en bien des occasions. A la Belle-Allée, au Prado ou ailleurs, on rencontre parfois des petites dames qui, profitant d'une embellie, c'est-à-dire d'un voyage, sont venues *cascader* tout à fait libéralement... Comme ce serait se rendre utile que de faire rentrer au logis de telles compagnes !... Mais il faudrait éviter cependant que le remède ne fût pire que le mal !...

Et je le dis en vérité, un bon gardien de la paix serait une perle dans l'écrin de la famille et de la propriété en cette circonstance...

M. le docteur Charles Dubreuilh, qui est très-dévoué à ses clients de la haute société, s'est logé princièrement dans la rue du Champ-de-Mars. C'est peut-être pour éclabousser ses rivaux en accouchements. J'avoue qu'une femme légitime doit être tout heureuse d'être *délivrée* par un praticien bien pommadé, bien frisé, bien teint, bien lingé... et surtout bien logé. Sous ces rapports, nul ne peut lutter avec le docteur Charles.

On dit que lorsque cet honorable praticien est en train d'accomplir sa tournée médicale sur la ligne du Midi, ses clientes ont la complaisance de retarder la partie, c'est-à-dire qu'elles renvoient à huitaine, comme preuve de sympathie, la fameuse opération plus ou moins mathématique qui signifie : « De deux sortir un, reste trois ! »

Les employés de la mairie délégués aux naissances ont remarqué que leur travail était moins compliqué quand M. le Médecin en chef de la Compagnie du Midi était en tournée ; mais aussi quel surcroît de besogne, au retour, pour les scribes officiels !

La vaccine du Pirée... pardon ! du département, a rapporté jusqu'à ce jour à M. le docteur Charles un modeste pécule de 20 à 25,000 fr. C'est peu, il faut en convenir ; mais, comme compensation, il a reçu la croix de chevalier

> A l'âge où l'âme à peine révélée
> Se cherche encore et ne sait rien de Dieu...

Et lorsque M. Charles Dubreuilh

> Allait cueillir des fleurs dans la vallée,
> Insouciant comme un papillon bleu...

le beau-père Fauré avait brisé depuis longtemps la coque-chrysalide et pouvait voltiger où bon lui semblait.

Le docteur Dubreuilh ne possède pas cette maladie d'écrire qui affecte certains de ses remuants confrères ; et s'il trace parfois quelques lignes au sujet de la vaccination, c'est parce qu'il y est moralement obligé.

Quand on a un registre matricule, que diable ! on peut bien s'en servir.

Cependant, lecteurs, sachez discerner :

> Les Dubreuilh sont chose commune
> Dans notre cité... Mais, hélas !
> Il en est un en pleine lune,
> Et ce n'est pas Léonidas !...

M. DELMAS

M. le docteur Delmas est le fils d'un industriel bien connu, je dirai même honorablement connu de notre ville, où il a tenu pendant longtemps la ferme du plaçage.

M. Delmas père était devenu propriétaire d'un établissement de *bains simples ou à vapeur*, qui avait pris le nom de *Polythermes*, et que certain financier bordelais peu lettré confondait avec un célèbre défilé de la Thessalie ; si bien que lorsqu'il se disposait à honorer de sa présence l'établissement de M. Delmas père, il disait à sa moitié « qu'il allait aux Thermopyles. »

Comme la dame aurait tremblé si elle avait été forte en histoire ancienne !

Ceci me rappelle ce gros tenancier qui vantait son hôtel, du haut duquel on apercevait un beau *panama !*

Ce panama était sans doute un panama à demeure : il avait peut-être, autrefois, coiffé le docteur Azam ?

Et cette dame de la rue Mouneyra, cliente de M. Delmas, qui disait à sa voisine qu'elle allait cesser de prendre des bains parce que la saison de la *canevelle* était proche !

Elle voulait peut-être parler de la canicule?

Quoi qu'il en soit, le fils de l'industriel balnéaire suivit pieusement la tradition paternelle : reçu docteur, il continua le commerce de l'eau.

On sait que cette matière première est la seule qui ne soit pas imposée... par le gouvernement; ce qui n'empêche pas que d'autres l'imposent.

Cette toquade de mettre l'eau en toutes sauces surgit du cerveau du Silésien Priessnitz, qui fonda en 1826, à Græfenberg, un établissement d'hydrothérapie; mais il paraît que ce paysan intelligent faisait suivre à sa clientèle un régime interne de circonstance.

De nos jours, le célèbre Raspail n'a-t-il pas eu la toquade du camphre, ce remède aussi inoffensif que peu souverain?

Et Giraudeau Saint-Gervais qui proclame son Rob comme étant une panacée!

On ne peut que sourire devant des théories que le simple bon sens met à néant.

Sans doute il faut des bains, il faut du camphre, il faut du Rob, mais pas trop n'en faut; et tout remède qui prétend guérir tant de maux n'en guérit aucun.

Et l'on peut dire que c'est pour la médecine qu'a été créé le discernement.

D'autres, avant M. Delmas, avaient bien essayé de l'industrie où l'eau est à deux fins; mais lui seul a eu le mérite d'en tirer profit. Aux grands maux les grands remèdes : l'hydropathe a fait de la publicité à outrance; il a su prendre le taureau par les cornes et le corps médical par son faible. Pour être médecin, on n'en est pas moins homme :

  Un jour dans notre rivière
  Un docteur se laissa choir;
  C'était l'effet du Madère...
  Or, chacun fit son devoir.

  On le porte à la cuisine
  Dans un hôtel de renom...
  Quand il eut repris sa mine,
  Quelqu'un lui fit ce sermon :

  « Vous devriez à votre âge
  » Mieux régler votre repas,
  » Et suivre avec bon courage
  » Le système de Delmas ! »

  Souriant, notre Esculape
  Fit tapoter ses deux mains :
  « Oh ! dit-il, je vous attrape :
  » C'est de Longchamps que je viens ! »

Grâce à des banquets à cinquante couverts où l'eau brillait par son absence, la fortune et l'honneur ont entouré la personne du directeur de l'établissement de Longchamps : il a été président de la Société de Médecine.

M. le docteur Delmas écrit beaucoup, beaucoup, afin d'initier tout le monde et son père à son petit train-train industriel, et il se soucie fort peu des flèches lancées par quelques journaux parisiens à l'occasion d'une science facile et d'une érudition peu fatigante.

Mais, bah! les douches marchent; l'eau réduite en poudre impalpable se transforme en pluie d'or, et l'on devient gros, gras, joyeux, bon père, bon époux, et l'on s'annexe une brillante école de gymnastique, laquelle ne peut manquer, par ces temps de patriotisme, de procurer à la poitrine de l'honorable hydropathe un objet qui y fait défaut.

A propos, pourquoi le docteur Delmas, qui pourrait se donner le luxe d'une dent d'or, persiste-t-il à en garder une qui dépare sa lèvre supérieure ?

S'il est avec l'eau des accommodements, il n'en est pas toujours de même avec les canines.

Tout bien considéré, je dois dire en terminant que l'établissement dirigé par le docteur Delmas est presque d'utilité publique dans notre région. Si l'Aquitaine n'a pas à redouter, comme l'Egypte, l'invasion des sauterelles, elle est, par contre, la terre favorite où pullulent les araignées et les hannetons.

Ça grouille, ça grouille dans des multitudes de cerveaux aux alentours de Bordeaux aussi bien qu'à Bordeaux même. L'avenir est gros d'espérance, et, pour peu que la température s'en mêle, la gent hannetonienne n'est pas prête à manquer de billets de logement.

Heureusement que le docteur Delmas est là avec ses douches disposées pour le combat!...

M. GYOUX

M. le docteur Gyoux est venu au monde sur cette terre classique des châtaigniers qui a été le tombeau d'un des plus célèbres rois d'Angleterre, et il vous racontera cette fameuse anecdote du crû :

« Depuis la mort de Richard Cœur-de-Lion, l'herbe n'a pas repoussé à l'endroit où le guerrier a reçu le coup mortel ! »

De sorte qu'un profane peut supposer que le sang du roi — qui n'a pas dû surgir abondamment étant donnée la cause de la blessure — a empoisonné la place en la frappant de stérilité, ou bien que la Providence a voulu punir le sol qui avait reçu le sang d'un roi.

La vérité est que Richard était sur un rocher quand il fut blessé mortellement. L'herbe n'a pas *repoussé* à l'endroit historique par la bonne raison qu'elle n'y avait jamais poussé.

Mais on pourrait dire au docteur Gyoux qu'il sait, lui, faire pousser sur sa plaque bien luisante quelque chose de ronflant.

Que signifie : « *Docteur en médecine, docteur en chirurgie?* » Sont-ce deux docteurs en une seule et unique personne ou un docteur qui en vaut deux ?

M. Gyoux ne doit pas ignorer que les titres

qui brillent sur sa plaque et s'étalent comme des jumeaux ne sont pas de l'armée régulière; mais il ignore peut-être que ses rivaux profitent de l'occasion pour faire marcher leur langue. On trouve toujours quelque chose à dire sur le compte d'un confrère imprudemment *placardé*...

A l'exemple de Jacob, qui loua une dizaine d'années de sa vie au service de Laban, M. le docteur Gyoux a fait, lui aussi, un servage de dix années dans le champ universitaire pour obtenir non pas une Rachel, mais... une libération militaire.

Il a d'ailleurs un grand amour pour l'enseignement, où il pourrait avoir du succès si des intrigants ne cherchaient pas et n'arrivaient pas à lui faire refuser une chaire. C'est, du reste, l'horizon professoral qui a eu le don d'attirer à Bordeaux le docteur Gyoux, qui est un homme instruit, beau diseur, élégant, gracieux et de bon aloi, mais qui a eu l'imprudence, se « fiant à son bon droit » comme le héros de l'opéra, de choquer deux ou trois gros bonnets qui font profession de dignité, mot inventé, selon un médecin spirituel, par les bouledogues « pour empêcher les petits chiens d'avoir leur os. »

Clients de mauvaise foi, réjouissez-vous ! Allez pendant la nuit chercher le docteur ***** ou le docteur *******, et si l'un d'eux consent à vous suivre, chose très-douteuse, vous pourrez lui régler son dû en monnaie de singe.

Dignité oblige ! Ce mot est dans la bouche de tous les médecins, et cependant....!

Après tout, la dignité professionnelle peut être également un acheminement vers la croix...

Mais revenons à notre Limousin, qui est loin de sentir la châtaigne. Le docteur Gyoux pourrait soutenir avantageusement le parallélisme avec la plupart de nos pseudo-princes bordelais, lesquels seraient peut-être mal avisés d'entreprendre une thèse avec lui. C'est du moins l'opinion puisée à bonne source, et que je partage, moi profane, sauf respect pour nos autorités médicales.

Quand on s'appelle Philidor, que diable! on ne peut pas être le premier venu!...

M. LAFARGUE

M. Lafargue est un docteur-médecin préposé aux attentats contre les personnes, aux assassinats, aux infanticides, aux coups et blessures et à tout ce qui peut s'ensuivre. Lorsque vous verrez quelque part un juge d'instruction, vous pourrez soupçonner son ombre médicale.

Si un individu est rencontré étendu mort sur un chemin du Rouquet quelconque, vite M. Lafargue est mandé, en toute diligence pour constater d'abord que le cadavre ne donne plus signe de vie, ensuite pour spécifier légalement si c'est l'artère carotide ou bien une autre artère qui a été offensée ; si le sang qui s'est échappé des blessures est du sang artériel ou du sang veineux; si enfin la victime était à jeun ou avait pris son repas avant le fameux quart d'heure.

Tous ces petits détails et une multitude d'autres sont du ressort de la médecine légale.

Le médecin aux rapports a encore à rechercher si le trépassé paraissait jouir de toutes ses facultés, s'il n'était pas sourd ou bègue, s'il pouvait être marié légitimement et quelle profession il pouvait bien exercer.

Quand l'assassiné est boiteux, il est classé généralement parmi les cordonniers ou les tailleurs.

Le procès Danval a fourni dernièrement un épisode qui a donné un rude coup à la médecine spécialiste. C'était scandaleux. On doit aviser à cela. Quant à moi, je n'ai jamais compris l'utilité de certains emplois spéciaux, c'est-à-dire de certains personnages spécialisés.

Je sais bien que le médecin légiste est parfois indispensable; mais il me semblerait plus naturel, dans certains cas de malemort, coups ou blessures, d'avoir recours au médecin le plus rapproché du lieu où l'action s'est produite; et je trouve souverainement ridicule de faire venir, par exemple, à Lormont ou à La Bastide, dans les cas précités, un médecin de Bordeaux, alors que ces deux endroits possèdent des docteurs capables qui ne demanderaient pas mieux que de faire les recherches et les constatations scientifiques réclamées par la justice, et qui auraient autant d'égards pour le *blessé* que pour les *blessures*.

Le système actuel peut faire craindre, au contraire, que le blessé devienne un accessoire dont on n'a que faire. Un délégué aux blessures n'ayant que les blessures en vue, un fanatique en un mot, peut tracasser par un examen trop minutieux, physiologiquement préjudicable, les victimes de voies de fait. Pour éclairer les jurés sur les incidents médicaux d'un crime, il ne faudrait pas s'exposer à faire mourir une victime avant son heure!

La vanité scientifique n'est pas un vain mot.

A ce propos, je vais donner une petite anecdote qui m'a été racontée, il y a peu de temps, par un docteur de ma connaissance :

« Un chirurgien d'hôpital aborde un client après sa visite de service.

» — Voyez, mon cher X..., quel beau calcul j'ai pu extraire hier sans faire couler une goutte de sang. Ne trouvez-vous pas que c'est admirable, prodigieux?

» — Oui, répond le malin client, l'opération est magnifique; et l'opéré, comment va-t-il?

» — L'opéré, répondit le chirurgien d'un air plutôt insouciant qu'embarrassé, il est mort il y a quelques heures! »

Voilà un échantillon des fanatiques de la science. Une opération réussit en causant la mort du sujet : c'est magnifique, admirable; on a fait de belles études médicales. Une opération a raté, mais le malade en réchappe : c'est pitoyable! la science a perdu ses droits.

Eh! que la science s'en aille au diable, si elle doit nous faire crever par anticipation!

Il est bien entendu que M. le docteur Lafargue est en dehors de ces appréciations générales, qui visent avant tout d'anciens errements et n'ont pour but, que la critique à laquelle donnent prise des situations anormales doublées d'actions trop spécialisées, en ce sens que la médecine légale peut se croire obligée de voir des crimes là où il n'y a que des accidents.

On sait que les médecins aux rapports font les

autopsies judiciaires au tarif; qu'ils exécutent des voyages judiciaires à tant par kilomètre ; mais ce que l'on ne sait peut-être pas, c'est que le docteur Lafargue dépense souvent une somme supérieure à celle qui lui est allouée comme honoraires dans ses voyages légaux. Et c'est pour ce motif, dit-on, que le Parquet le laisse seul titulaire de ces délicates fonctions.

Si je n'avais fui jadis le collége pour rompre avec le latin, qui avait rendu fou un de mes condisciples devenu plus tard maire de son village, je me croirais autorisé à faire cette citation pour les besoins de la cause : *Dura lex, sed lex!* Mais la grandeur d'âme du Parquet me rappelle ce voyageur en chapellerie qui vendait les chapeaux bien au-dessous du prix de fabrique, prétendant que son patron « se rattraperait sur la quantité. »

Donc, M. le docteur Lafargue gagne d'autant plus qu'il voyage moins pour le service de dame Thémis, qui compte juste, parce qu'il le faut. Mais ce qui va bien pour lui, c'est qu'il se porte bien. Dernièrement je ne le reconnaissais pas, tant il était rasé de frais, tant ses joues étaient colorées. Aurait-il découvert l'eau merveilleuse en creusant le puits scientifique ?

Si j'ai critiqué en général tout ce qui est médecine légale, je dois reconnaître cependant que M. le docteur Lafargue, en particulier, est en possession des connaissances étendues et des aptitudes nécessaires pour aider scientifiquement la justice dans son œuvre.

M. MARX

M. Marx est un docteur à lunettes, au cou énorme, marchant comme quelqu'un qui porte une relique ; il est, de plus, fils d'un rabbin dont le nom est honorablement connu à Bordeaux ; mais il n'en tire aucune vanité. Bien plus, il serait capable de faire des efforts pour ne ressembler en rien à son père, dont il est cependant le portrait vivant au physique.

M. Marx est libre penseur et s'occupe fort peu de synagogue. Et si vous lui demandiez si l'institution du Sanhédrin doit être attribuée à Moïse ou si elle est contemporaine des Machabées, il vous répondrait, par ce temps de chaleurs idiotes, en s'essuyant le front : « Il fait bien chaud ; que cette température est altérante ! »

L'enfant d'Israël a été transformé, en suivant le courant de la civilisation voltairienne. C'est l'homme moderne en tous points, sauf un seul. Mais, que dis-je ? Quoiqu'il ait été précipité dans l'île de Lemnos et en ait supporté les conséquences, il n'en est pas moins un marcheur de qualité, dédaignant peut-être un peu trop les omnibus, les chevaux et les cochers qui les tirent et conduisent.

Donc, notre docteur est moderne sans restriction. D'autant plus que le proverbe nous apprend que quiconque va lentement va plus loin que les autres :

> Rien ne sert de courir, il faut partir à point :
> Le lièvre et monsieur Marx en sont le témoignage.

M. Marx est un médecin instruit, capable de discuter sérieusement toute question scientifique, comme il l'a prouvé par sa conférence sur le travail dans une réunion présidée par Jules Simon. Avouons cependant que le succès remporté par ce conférencier ne répondit que médiocrement à ses espérances; car il est avéré que ses tentatives pour devenir homme public n'ont pas reçu l'encouragement désiré, si bien qu'il a renoncé à briller dans le monde, par ce côté aussi saillant que presque inabordable pour la majorité des personnages de valeur.

M. Marx paraît avoir une clientèle assez bien posée socialement. Tant mieux pour lui s'il fait des recettes considérables, comme il le dit quelquefois dans l'intimité, de confrère à confrère, d'Isaac à Jacob!

Il est, du reste, trésorier à vie d'un prétendu Syndicat médical peu connu qui avait pour mandat, à son origine, de soulever une grève générale des médecins contre les Sociétés mutuelles. Mais les plus ardents promoteurs de cette institution ont lâché pied, m'a-t-on affirmé, pour éviter de se faire des ennemis dans le giron du suffrage universel.

M. le docteur Marx ne paraît pas vouloir imiter ses ancêtres, les patriarches, dans la belle devise israélite où est indiquée une chose importante au sujet « d'une postérité aussi nombreuse que les étoiles du ciel et les grains de sable de la mer! » — ou bien est-il devenu philosophe à sa manière, et ne peut-il songer au visage d'Ève la blonde sans entrevoir la silhouette de Darwin?...

M. Marx passe pour mieux connaître les ouvrages de Littré que le *Pentateuque.* Certes, ce n'est pas moi qui l'en blâmerai.

Restriction faite de l'opinion de Littré concernant l'origine humaine — que je suis loin de partager, — je crois qu'un médecin ne peut que gagner en puisant dans les ouvrages d'une des plus vastes intelligences de notre époque; d'un homme qui a honoré l'Académie française en prenant place sur l'un des quarante fauteuils, — n'en déplaise à M. Dupanloup.

M. DUVIGNAUD

M. le docteur Duvignaud est médecin hydropathe, premier en date vis-à-vis du docteur Delmas. Il a été dans l'obligation d'accomplir un des douze travaux d'Hercule avant que la première goutte d'eau scientifique s'échappât de son établissement de la rue Saint-Sernin. Le fleuve Alphée a balayé la place, et des salles coquettes, ingénieusement pourvues de tous les appareils nécessaires aux indications — on dit ainsi en médecine, — ont surgi comme par enchantement.

Mais le directeur de l'établissement de la rue Saint-Sernin ne fait pas exclusivement de l'hydrothérapie, comme son redoutable concurrent de Longchamps : il demande volontiers à ses clients s'ils veulent de l'Hippocrate ou du Priessnitz. A ce propos, on m'a raconté que certain docteur défunt de notre ville disait également à son public : « Voulez-vous de l'allopathie ou de l'homœopathie ? »

Si le docteur Duvignaud a écrit autrefois sur l'hydrothérapie, il paraît que ce goût lui a passé, ou qu'il s'en est lassé. Les journaux de médecine sont d'un mutisme de carpe sur ses guérisons, et les autres journaux ne soufflent mot sur rien de rien. Il faut attribuer ce silence à la négligence du docteur, qui reste à peu près calme en face de la réclame. Les journaux sont pourtant un puissant auxiliaire pour tout ce qui se boit, se mange et s'absorbe de toute façon.

Comment, docteur, pas de réclames déguisées, pas de banquets confraternels? Quel est donc le secret de vos recettes industrielles? Sachez que les praticiens de bon goût vous pardonneront difficilement d'avoir traité, comme s'il était tombé en désuétude, l'article qui concerne les banquets!...

Le docteur Duvignaud est gros et frais comme un poupon qui possède une bonne nourrice; il est souriant, affable; il sait rire et être sérieux à certains moments. Cessera-t-il jamais d'être jeune? Ceux qui l'ont connu sur tous les bancs n'en savent rien, et la plupart d'entre eux seraient très-heureux de provoquer semblable interrogation.

Notre hydropathe ne fréquente guère les Sociétés savantes, et cependant il est au courant des choses de la science. Il n'a pas de relations confraternelles bien étendues; mais il paraît en avoir d'autres qui sont faciles, agréables et parfois très-utiles.

On prétend que sous le pseudonyme « de la Pérote », le docteur Duvignaud a tenu autrefois assez élégamment la plume dans la littérature légère.

Ce nom « de la Pérote » rappelle-t-il un vieux château paternel ou maternel?

Mais qu'importent le souvenir et ses légions de rêves insensés! L'essentiel est que le docteur Duvignaud vive!... Bien plus, c'est un bon vivant.

Pourquoi alors n'a-t-il pas imité le docteur Delmas en toute chose?

M. Léonidas DUBREUILH

Dans la pléiade de docteurs Dubreuilh qui brille dans le ciel bordelais, on doit bien se garder de confondre les uns avec les autres. Il y a aussi loin de Léonidas à Charles que de l'hypogastre à la glande thyroïde; et si Charles ne voudrait pour rien au monde être Léonidas, ce dernier préférerait tenir l'emploi de sacristain à Bègles que d'être pris à Bordeaux pour le sosie de Charles. Ces docteurs ont peut-être des raisons pour justifier leurs opinions particulières à l'égard l'un de l'autre. Ce qui nous importe peu : les profanes n'ont rien à voir à cela !

Mais si vous aviez envie, lecteur, de faire trépigner d'indignation le docteur Léonidas, de voir ses doigts crispés d'impatience, vous n'auriez qu'à lui adresser cette question :

« Pardon ! docteur, êtes-vous le Dubreuilh qui a été décoré pour avoir vacciné le département ? »

Les conséquences d'une semblable interpellation me donnent la chair de poule !... Passons.

Le docteur Léonidas est gros et gras; il grisonne un peu, mais il mange, boit et fume avec une vigueur que ses clients lui envient. Il a pour oncle un colonel d'état-major qui est plein de douceur pour son neveu. Aussi ce dernier lui lance-t-il souvent cette interrogation amicale :

« Es-tu content, mon colonel ? »

Eh ! oui, le colonel est content ! Aussi content que l'oncle de celui qui créa la *Fille d'Eschyle*. Il est si doux d'être l'oncle d'un neveu qui fait son chemin... Mais quel bonheur d'être le neveu de son oncle !...

On m'a assuré que le docteur Léonidas était de ceux qui savent manier une fourchette... Tudieu ! j'estime ces gens-là !

Surtout n'allez pas croire que ce maniement de fourchette consiste à faire doublure avec ce fanatique surnommé *l'Homme à la fourchette*, qui faisait métier de les avaler. Pour notre docteur, la fourchette n'est qu'un accessoire.

Et l'on dit que cet accessoire — fameux dans tous les temps et dans toutes les couches sociales — lui a valu l'insigne honneur d'être nommé président de la Société médicale d'émulation, connue avantageusement à Bordeaux... par ses banquets chez Nicolet :

Et que l'émulation nous rassemble
Autour du dieu de l'*appétit*...
Chez Nicolet, rendons-nous tous ensemble !

. . . .

Le docteur Léonidas est aussi médecin du Bureau de bienfaisance depuis très-longtemps ; médecin du Dépôt de mendicité ; médecin inspecteur des émigrants; médecin des sibylles du dix-neuvième siècle garanties administrativement, etc.

Il conserve avec un pieux respect l'élégant uniforme de médecin-major dont il devait se vêtir pour faire un voyage dans les Vosges, voyage qui, faute de temps, ne s'est effectué que mentalement. Et, moins fortuné que les Lugeol, les Armaingaud, les Kloz — ne pas confondre avec celles de Corneville — et autres célébrités médicales qui accompagnèrent nos armées pendant nos désastres, le docteur Léonidas ne fit que partager le sort des Achille (Coulon), des Vergely et compagnie, que leur grandeur attacha au rivage.

S'appeler Achille ou Léonidas, et rester neutre en temps de guerre ! Il faut réellement jouer de malheur.

Ce n'est point la bonne volonté qui manquait à notre docteur. Il bouillait dans sa graisse... d'émulation; il prenait des airs de Spartiate; l'ombre de Larrey apparaissait dans ses rêves et le stimulait furieusement. Il était plein de dispositions viriles, à ce point que, pendant son sommeil, il fit une nuit un rêve des plus significatifs :

Il était sur un champ de bataille, dans une vallée des Vosges, en train de trousser un blessé. Arrive un confrère de l'armée prussienne qui lui dit :

« Rends ton bistouri !... »

Et comme son homonyme le héros des Thermopyles, le médecin-major en herbe endormi répondait :

« Viens le prendre !... »

J'ai dit que c'était un rêve. Il n'y a pas eu de souper chez Pluton.

De tous ces cliquetis d'armes il ne reste que le souvenir ; mais il faut avouer que le cheval qui devait porter le médecin-major Léonidas Dubreuilh pendant la campagne s'en est sauvé d'une belle. Cet animal n'aurait pas eu si beau jeu que son collègue qui avait mission de porter le major Lugeol d'un point à un autre, avec une allure telle que les proches témoins de ses exploits croyaient agir sagement en faisant le vide autour de lui, de peur sans doute que l'homme et le cheval ne tombassent à leur côté ou sur eux-mêmes !

Pour finir sur le chapitre du patriotisme, je dois dire que le docteur Léonidas n'a pas l'air de songer au lendemain, imitant en cela son collègue le docteur Marx, qui se moque des jérémiades patriarcales à grandes guides à propos d'un libéralisme qui s'appuie « sur les étoiles du ciel et sur les grains de sable de la mer », deux extrêmes qui nous donnent une idée de la différence qui existe entre les Dubreuilh bordelais :

> Quel est le disciple ou l'apôtre
> Dans Charle ou dans Léonidas ?...
> Eh bien ! ce dernier ne veut pas
> Procurer de travail à l'autre !...

M. DE FLEURY

La Charente est une jolie rivière aux bords fleuris, qui prend sa source dans la terre classique des châtaigniers. Elle arrose Ruffec-les-Fromages, Angoulême-la-Gaillarde, Jarnac-les-Coups, Cognac-la-Ventrue, Saintes-la-Paillarde, Rochefort-la-Prédestinée ; mais elle n'a pas, comme la Garonne, le don d'attirer les Jasons modernes, les hommes à imagination puissante, les poètes enfin !

Voilà pourquoi M. le docteur de Fleury a quitté la Charente pour entrer en Gironde.

Ce docteur, qui a débuté par le concours, s'est arrêté tout sec dans l'acquisition d'une clientèle. Il est lettré, poète même, puisqu'il est lauréat de l'Académie des belles-lettres, grâce à sa composition en vers intitulée *le Médaillon*. Il a été, dit-on, candidat comme membre titulaire de l'Académie; mais son bagage littéraire n'était pas assez affranchi, paraît-il, puisque sa malle et lui sont toujours en gare de départ.

On prétend que M. de Fleury a des idées goûtées par l'Académie de médecine — sinon d'autre part — et qu'il pourrait avoir du succès dans les questions qui touchent aux fonctions cérébrales.

> Ah! ce n'est pas petite chose
> Que de fouiller dans le cerveau;
> Car c'est un bizarre terreau
> Où fleurit l'épine ou la rose!...

Mais il faut être spécialiste, et tout médecin qui concentre ses efforts sur un point ou sur une partie quelconque, ne peut manquer d'y trouver des avantages sérieux dont les profanes doivent tirer grand profit, intrinsèquement parlant.

M. de Fleury est donc un spécialiste, un poète qui pourrait devenir à la longue un académicien; mais qu'il médite ces vers d'un versificateur original :

> Le cerveau n'est qu'une prairie
> Où luttent Momus et Caton,
> Où fort souvent le hanneton
> Se cache sous l'herbe fleurie!...

Quand j'aurai dit que ce docteur-poète-lauréat a beaucoup d'imagination; qu'il écrit bien, même dans la langue des dieux; qu'il est quelque peu libéral et qu'il serait un excellent observateur s'il voulait s'en donner la peine, — il ne me reste qu'à ajouter qu'un récent décret vient de le nommer professeur de thérapeutique à la nouvelle Faculté de médecine.

M. GATEUIL

M. Gateuil est officier de santé, ce qui veut dire qu'il n'est qu'un adjudant-sous-officier en médecine. C'est un médecin qui n'a qu'un pas à faire pour être docteur. Un pas manque, un seul : c'est peu de chose, et c'est beaucoup.

Il en est dans la médecine comme dans l'armée : pas mal d'adjudants ont une valeur égale, militairement parlant, à celle de certains officiers ; et combien d'officiers de santé sont, médicalement parlant, bien plus capables que bon nombre de leurs confrères abrités sous le manteau du doctorat !

Ce sont de ces exceptions qui se rencontrent assez facilement au milieu de l'abjecte cohue humaine. Je ne les développerai pas autrement.

Qu'il me suffise de dire qu'il y a à Bordeaux des officiers de santé qui sont supérieurs dans l'art de guérir à quelques-uns de leurs confrères maîtres ès sciences. Ces derniers font beaucoup de tapage, d'allures, parce qu'ils sont les enfants gâtés du superficiel ; mais ce n'est pas tout : avec leur superficiel endimanché, ils vous enverraient bel et bien à la Chartreuse un jour non férié !

Tout cela ne nous dit pas l'âge de M. Gateuil.

Bien fin qui le devinerait. Ce médecin, sans en avoir l'air, est peut-être un des doyens du corps médical.

Il est attaché depuis un temps immémorial au service de la Remonte (Mérignac), service qu'il n'est pas près de quitter, et il a exercé pendant longtemps un empire absolu, au point de vue médical, sur toute la partie de la banlieue qu'on appelle le Tondu, Saint-Augustin. Puis il s'est installé dans la ville, sans toutefois cesser d'avoir la main sur son ancien territoire, j'allais dire sur ses anciennes possessions.

M. Gateuil ne s'est pas borné à parcourir son vaste domaine particulier : il a voulu sortir de ses gonds.

Aux dernières élections pour le renouvellement du Conseil municipal, les radicaux, qui ont une prédilection pour les officiers de santé, s'en allèrent frapper à la porte de M. Laclaverie sans qu'il y eût de résultat apparent; mais ils tirèrent avec un plein succès le cordon de sonnette de M. Gateuil.

J'avoue que c'était tentant. Il y avait sur la liste radicale le nom du farouche M. Delpit, qui représentait la pure érudition, et quelques autres noms qui représentaient le plus pur idiotisme. Et M. Gateuil se laissa enrégimenter dans le tas. On prétend même que, dans son ardeur démocratique, il songea sérieusement à se démocratiser par la forme. A cet effet, il aurait prié M. Castaing (Jean) — ne pas confondre avec le candidat à la députation — de lui faire confectionner un chapeau demi-canon semblable au sien. Le collègue en liste aurait répondu qu'il ferait son possible pour satisfaire l'honorable candidat dans ses goûts socialistes, mais il ne promit pas de réussir, son chapeau étant l'unique du genre. C'est croyable.

S'il n'y a pas eu de chapeau, il y a eu des *vestes* pour tous les membres de la confrérie.

M. Gateuil a pris également une part active aux élections législatives, sans doute pour se dédommager du premier échec; mais si l'on peut lui reprocher de s'être aventuré dans le bourbier politique, on ne peut pas dire qu'il a eu la manie de la spécialité des yeux, comme certains de ses confrères en titre. Il est vrai que son nom ne s'y prête guère :

> Ce serait commettre bévue,
> Agir en petit écureuil,
> Que d'aller confier sa vue
> Au médecin nommé Gateuil!

M. Gateuil est médecin-accoucheur. On prétend qu'il possède un *forceps* qui manque au Musée de M. Gassies. Cet instrument, qui n'avait pas été créé en vue des nouvelles couches sociales, aurait appartenu, dit-on, à Esculape, qui, au retour de son expédition en Colchyde, l'aurait envoyé comme présent scientifique au roi d'Abyssinie. Cette relique prouve que les anciens n'y allaient pas de main morte dans certaines opérations, et que M. Gateuil est presque aussi connu que Boerhaave.

Ce que c'est que d'être radical!...

M. ESPINOUSE

M. Espinouse est docteur en médecine de la Faculté de Montpellier, ex-interne des hôpitaux de Limoges (concours de 1863), interne-adjoint des hôpitaux de Bordeaux (concours de 1864), interne titulaire des hôpitaux de Bordeaux, membre assistant de la Société médico-chirurgicale, membre titulaire de la Société d'émulation de Montpellier, médecin des Bureaux de bienfaisance, médaillé, mentionné et récompensé ministériellement, etc.; — mais il est avant tout l'ami sincère et dévoué de M. Calixte Renaud, le célèbre somnambule, connu de tous les Bordelais.

Pour venir à l'appui de son système alliant la médecine positive au somnambulisme, M. Espinouse a cru devoir publier une brochure intitulée : *Du Magnétisme animal; son historique.*

C'est donc sur des écrits que j'aurai la bonne fortune de pouvoir juger l'ami de M. Calixte.

Je veux ignorer ce qu'était M. Espinouse avant son arrivée dans notre ville. Je dois me borner à constater qu'il s'est trouvé entre deux courants : la Fortune et la Science, et qu'il a abandonné cette dernière pour se jeter dans le premier courant, corps et âme, si bien qu'il ne peut plus en sortir, et, moins heureux que son quasi-collègue le philosophe d'Agrigente, qui se précipita dans l'Etna afin de faire croire à ses contemporains qu'il était monté au ciel grâce à sa magie ; — moins heureux, dis-je, M. le docteur Espinouse ne léguera même pas ses sandales intactes à l'orgueilleuse postérité, car le volcan où il s'est englouti n'est mû que par une chaleur superficielle.

Inutile de dire que M. Espinouse a été mis *en quarantaine* par ses collègues amis de la science. C'est un transfuge à leurs yeux. Il ne peut pas être autre chose logiquement. La science a son domaine propre dont on ne peut s'éloigner sans rompre avec elle. Et les billets de mille qui tombent chaque semaine sur l'association Espinouse, Calixte et compagnie ne prouvent rien scientifiquement.

Dans ses écrits, M. Espinouse nous dit que le magnétisme est connu des temps les plus reculés.

Il est évident que le magnétisme est contemporain du tonnerre et des éclairs...

Après avoir dit que le somnambulisme est une des manifestations de l'état magnétique pendant lequel les facultés sensoriales et intellectuelles sont très-développées, M. Espinouse ajoute que le magnétisme est un agent thérapeutique, tandis que « le somnambulisme est un mode de diagnostic qui permet, pour ainsi dire, de faire l'anatomie pathologique des organes internes sur le vivant. »

Là commence le charlatanisme.

Et le *vivant*, où est-il? Il est étendu dans son lit, aux Chartrons ou à Saint-Michel, pendant que l'on ausculte en son lieu et place son caleçon ou son bonnet de coton.

Voilà la médecine que l'on fait en plein dix-neuvième siècle, et voilà où en est le progrès !

Mais où je savoure M. le docteur Espinouse, c'est dans les citations plus ou moins valables, accommodées pour la circonstance, dont il fait un usage immodéré. Je ne puis m'empêcher de rire en lisant celle qui regarde la Pythie, la fameuse prêtresse de Delphes, que l'on faisait soûler par des moyens internes et externes, et dont les oracles conçus en termes ambigus, étaient remaniés fondamentalement par les Espinouses de l'époque et livrés ensuite aux populations comme une pure monnaie divine.

« Les réponses de la Pythie, dit M. Espinouse avec Plutarque, quoique soumises à un examen sévère, n'ont encore été convaincues par personne de mensonge et d'erreur. »

On croit rêver en lisant de pareilles niaiseries dans des pages écrites par un homme qui a été reçu docteur en médecine, qui est censément intelligent, et qui devrait être un ami de la science sinon un serviteur dévoué.

Puisque vous êtes admirateur des Pythies, Monsieur Espinouse, pourquoi vous priver de leurs lumières ? Elles ne manquent pas à Bordeaux ! La rue de Nuits, la rue Laterrade, la rue Lambert, entre autres, en fourmillent. Et je vous assure que celles-là valent celles que vous portez aux nues ! Pour ma part, au risque de froisser la susceptibilité de certains bibliophiles de notre ville, j'attacherais aux oracles des susdites gourgandines une importance aussi valable qu'à ceux qu'éjaculaient ces rosières de contrebande que les anciens — il y a eu de tout temps des imbéciles et des imposteurs — vénéraient !

Mais il est un nom que M. Espinouse aurait dû respecter : Socrate !

C'est avec peine que je vois cette belle figure de l'antiquité, ce sage entre tous les sages, ce précurseur de Jésus de Nazareth, cet homme qui honore l'homme, ce savant universel, en pareille compagnie.

Pour Dieu ! docteur, respectez Socrate ! Je vous abandonne volontiers Platon, Aristote, Xénophon et Plutarque, dont les erreurs pourront vous servir relativement dans vos projets antiscientifiques.

Je suis un admirateur de ces hautes intelligences dans ce qu'elles ont de grand ; mais je ne suis pas de force à les admirer aveuglément. Je veux vous citer un exemple à l'appui : Si je vous demandais votre opinion sur Victor Hugo, la plus pure gloire de notre siècle, vous me diriez assurément que ce grand poète ne peut être considéré que comme un génie, père d'immortels chefs-d'œuvre. Si, abordant le détail, je vous demandais ce que vous pensez de la conclusion de son deuxième volume de l'*Histoire d'un Crime*, que répondriez-vous ?

Je vais répondre pour vous.

Victor Hugo clôture son livre deuxième de l'*Histoire d'un Crime* par des phrases qu'il aurait dû laisser dans son encrier, et qui parlent contre le grand observateur. C'est aussi insensé que si vous, docteur en médecine, vous écriviez :

« Espérons que, grâce au progrès de la science, » le temps n'est pas éloigné où il nous sera donné » de voir la femme enfanter sans douleur..., etc. »

Vous avez compris.

Je vous donne cet exemple, entre mille, pour vous montrer qu'il est toujours facile d'abuser des écrits ou des paroles des grands hommes de tous les temps. Selon moi, on ne doit pas le faire, parce que l'on risque de fausser un caractère en le prenant par le détail.

Si je devais suivre M. le docteur Espinouse dans ses théories sur le somnambulisme, il me faudrait trop empiéter sur le cadre de mon livre. Je vais donc me borner à terminer par une invite : je crois en avoir dit assez pour qu'il ait pu largement saisir le fond de l'article inspiré par lui. Cela étant, il peut me combattre avec les mêmes armes, suivant qu'il jugera sa force pour un tournoi scientifique. Il est bien entendu que la question serait traitée fondamentalement et de telle façon que l'un de nous serait acculé dans une impasse. J'ai déjà embrassé d'un coup d'œil mes moyens de défense, et je crois même entrevoir le coup de grâce.

Mon invite est avant tout courtoise sinon pressante. Elle est faite au nom de la science, que je cultive en amateur. Ne vous gênez pas, docteur, si cela peut vous convenir.

M. CABOY

Ce docteur, appelé « fils » dans l'intimité, fait peu parler de lui. Je crois même qu'il ne tient pas beaucoup à ce que le vulgaire s'occupe de sa personne.

Je suis persuadé que c'est à contre-cœur et simplement poussé par le bon droit qu'il intenta un procès à certains héritiers qui furent soutenus par Jules Favre.

Ce procès, qui fit quelque bruit, se termina heureusement pour M. Caboy : il eut gain de cause.

Le docteur Caboy est fils d'un médecin. Il exerce la médecine depuis très-longtemps ; mais il n'a pu être nommé par rang d'ancienneté président de la Société de médecine. De plus jeunes l'ont emporté sur lui ; ce qui ne l'a pas découragé : il est resté quand même dans le rang, comme on dit en style militaire. Il fait le libre penseur parfois ; mais il n'en est pas moins un excellent homme, pensant bien et agissant bien. Et c'est une justice à lui rendre que de reconnaître publiquement que son honorabilité et sa science sont à une hauteur que bon nombre de ses confrères sont loin d'atteindre ou n'atteindront jamais.

Je connais cependant au docteur Caboy deux

grandes passions, mais deux passions qui peuvent le conduire bien loin... de son domicile :

La première le conduit souvent vers le théâtre du cours des Fossés, où il se délecte, surtout quand on joue des pièces genre *Belle Hélène*, en compagnie de son collègue et confrère M. Laclaverie, chef du service médical à ce théâtre constamment ouvert et constamment fermé.

L'autre grande passion, c'est l'amour des feux du Bengale que ce docteur va fabriquer dans la belle propriété qu'il possède aux environs de Bordeaux. Il est surtout très-habile pour la confection des fusées, non pas celles qui sont du ressort de la médecine, mais celles produites par la pyrotechnie.

M. Caboy est aussi propriétaire d'un terrain où la terre de brique abonde. Comment se fait-il qu'il ne semble pas songer à cette exploitation qui regarde l'industrie tuilière? A-t-il une antipathie pour la fabrication des tuiles, ou trouve-t-il qu'il lui en tombe assez sur la tête dans certaines consultations où figurent certains confrères?

M. RIQUARD

Ce docteur est un enfant du Périgord. A la bonne heure ! Ce serait, en effet, miracle si le pays truffogène ne pouvait compter quelques herbes dans le pré médical bordelais. Les Périgourdins sont comme les truffes : ils se faufilent un peu partout, à la cave, au grenier, dans les ministères ou ailleurs...

M. Riquard a été professeur, et c'est pendant son professorat qu'il a étudié la médecine. Ainsi ont débuté bon nombre de ses collègues.

Si vous voyez une petite voiture attelée à un petit cheval tarbais et un petit groom en surveillance, vous pourrez dire que le docteur Riquard n'est pas loin de là.

En effet, une voiture est indispensable à cet honorable praticien, qui doit aller rondement et gaspiller le moins de temps possible. Sa clientèle est très-étendue, et les Sociétés mutuelles y comptent pour une large part.

Les visites chez les gros bonnets ne peuvent être courtes. Il faut parfois faire antichambre, attendre que Madame soit en état de recevoir, ou que Monsieur, mandé, ait eu le temps de mettre quelque ordre à son bureau ou à son comptoir avant de franchir la distance qui le sépare de sa moitié.

Généralement le seigneur du lieu veut assister à la visite, ce qui est une cause de prolongation, par l'attente d'abord, ensuite par l'explication détaillée scientifiquement qui se glisse à son oreille, suivant son désir, entre le seuil de sa porte et la voiture du docteur, comme qui dirait entre la poire et le fromage.

C'est ce qu'on appelle les confidences médicales entre *quatre yeux*.

Donc les malades du haut de l'échelle sociale absorbent le temps de l'homme de l'art, au détriment de ceux qui se trouvent aux bas échelons ; mais ces derniers auraient grand tort de s'en épouvanter, car il n'est de meilleur médecin que « le temps », qui sert tout le monde à la fois avec la plus sévère exactitude. Et je suis certain que le docteur Riquard est le premier à regretter de ne pouvoir agir de même.

Je l'ai dit. Les exigences sont là. Celui qui possède une clientèle sérieuse est obligé de ne rien négliger pour la satisfaire.

M. Riquard a été médecin d'un hospice par le concours. Il ne se mêle pas beaucoup à l'agitation professionnelle, et il paraît fortement tenir à son indépendance. Sans être un littérateur ni un érudit, il est néanmoins doué d'une instruction au niveau de sa profession. Il ménage sa sympathie pour quelques confrères qui partagent sa manière de faire et de penser. Dans l'intimité, il ne dissimule pas son opinion au sujet des individualités tapageuses. C'est dire qu'il ne les aime pas.

M. Riquard ne s'occupe guère de politique que par saccades. Si j'ai bon souvenir, il a tenu la place d'assesseur dans une réunion en faveur de l'abbé Chavauty ; mais ce que je puis assurer, c'est qu'il s'est mis chaleureusement de la partie au dernier moment de la lutte. Son nom figurait sur l'affiche solennelle, à côté de celui du célèbre pharmacien Babilée, l'inventeur du purgatif végétal de ce nom.

La devise Babilée-Riquard était celle-ci :

« Chavauty ou la mort ! »

Les affiches Riquard-Babilée sentaient la rhubarbe et le séné. A peine les électeurs avaient-ils achevé d'en savourer le contenu, qu'ils éprouvaient le pressant besoin de s'éloigner du bruit de ce monde... Et lorsque l'émotion était passée, on se faisait cette question : « Babilée, passe ; mais que diable le docteur Riquard est-il venu faire là dedans ? »

La chair est faible, voyez-vous, et Chavauty si entraînant, surtout lorsqu'il parle de la *Grèce,* dont il aurait tant besoin ! Sans compter l'émulation et l'ambition, qui font vélocipède dans le champ médical bordelais !...

Il est évident que M. Gateuil se lançant dans la politique, M. Riquard ne pouvait faire moins que de s'y lancer à son tour. La fortune a trahi des efforts dignes d'un meilleur sort. Gateuil était pour le séné, Riquard pour la rhubarbe. Entre la feuille et la racine de l'arbre, il y a le corps, que les électeurs ont sagement choisi.

M. Riquard, de même que M. Gateuil, a été renvoyé à ses malades. La politique et la médecine y gagneront.

M. SOLLES

Si ce docteur avait été le poisson que son nom indique, il y a longtemps qu'il serait mangé..., à moins, toutefois, que ce ne fût un poisson tout arêtes, c'est-à-dire immangeable.

M. Solles est un petit brun au visage osseux, au nez effilé, qui marche un peu dans l'obliquité et fume la cigarette.

Il est classé comme radical, dit-on, sur les listes intimes des fortes têtes du parti *avancé*. Ce qui est certain, c'est qu'il a été plusieurs fois conseiller municipal, fonctions qui lui ont permis de s'acquérir une grande renommée pour divers motifs, parmi lesquels figure la guerre impitoyable qu'il crut devoir déclarer à cette malheureuse porte Dijeaux, qui ne gêne personne et constitue une de ces œuvres d'art que tout Conseil municipal intelligent doit non-seulement respecter, mais faire respecter.

Sont-ce les fleurs de lis ornant le faîte de la porte qui froissent la religion de M. Solles, — ou bien est-ce la porte Dijeaux elle-même qui froisse une autre porte non fleurdelisée?

Voilà la question!

Les fleurs de lis, en quelque endroit qu'elles se

trouvent, sont aujourd'hui inoffensives, et leur vue ne doit pas servir d'excitation pour commettre un acte de vandalisme. Le remède serait pire que le mal. Qui cherche trop la petite bête, en politique ou en administration, n'est ni homme politique ni administrateur. Le négoce de ces petits cheveux appartient de droit aux radicaux de profession.

M. Solles a fondé dans le temps un cours d'hygiène où il s'est fait remarquer surtout par des conférences sur la respiration cutanée. Il a prouvé, dans ces intéressantes conférences, par des arguments irréfutables, que l'homme dont le corps serait enduit de goudron, par exemple, finirait par mourir dans cette situation, le fonctionnement des pores se trouvant anéanti.

La physiologie fait parfois de bizarres découvertes. On respirerait donc ailleurs que par la bouche et les fosses nasales?

A propos de respiration, il me vient à la mémoire un incident provoqué par M. Solles, qui se produisit dans une réunion électorale. Un électeur, qui devait respirer par tous les pores, se leva pour accuser le docteur d'avoir voulu provoquer la *grève des lavements*... dans le service médical des Sociétés de secours mutuels.

Cela fit rire, comme on le pense bien...

Aujourd'hui, M. Solles, qui s'est retiré du Conseil et s'est logé dans le voisinage de la Mairie, ne paraît s'occuper de politique que relativement. D'aucuns prétendent qu'il lorgnerait une chaire à la nouvelle Faculté. C'est possible ; c'est même croyable. Chacun lorgne ce qui lui manque. Et j'apprends justement que le vœu de M. Solles est exaucé : on peut dire avec raison aujourd'hui qu'il possède la *chaire* et les os !

Il vient d'être nommé professeur agrégé (section de médecine) à la Faculté.

Lorsqu'il était conseiller municipal, notre docteur eut l'honneur d'être pris à partie par le *Figaro*.

La feuille *vile-messante* insinuait que le conseiller Solles était un communiste dangereux, qu'il avait prêché la communauté des femmes ! C'était une erreur, et, de plus, une de ces injures gratuites dont la pitoyable gazette parisienne a le monopole depuis sa fondation.

Plus heureux que ses collègues les Léonidas Dubreuilh, les Vergely, etc., M. Solles a eu l'honneur d'accompagner pendant la guerre un bataillon de ces Girondins partis pour secourir la France envahie. Il écrivait même des lettres magnifiques à ses collègues du Conseil au sujet des amputations qu'il opérait. Il n'était pas alors conservateur... de membres.

Le docteur Solles, être original et bizarre s'il en fut, se rend parfois aux séances du Conseil général en compagnie de son ami M. Octave Bernard. Ils s'y placent tous les deux coude à coude, le plus petit à la droite du plus grand, le menton sur les phalanges de la main droite, à très-peu de distance de la région où fonctionnent les pores de MM. Aymen et Gras-Cadet, ces deux fortes têtes du bonapartisme.

L'avocat s'intéresse tout cœur et âme aux débats oratoires ; le docteur s'y intéresse aussi, mais pas entièrement. On est physiologiste avant tout. La sueur cutanée de Gras-Cadet et la tête archicutanée de son coreligionnaire Aymen prêtent à beaucoup d'observations.

Un jour, en pleine séance du Conseil général, pendant que M. le docteur Issartier tonnait contre le phylloxéra, M. Solles dit à son ami :

« M. Aymen ferait une bonne cuisinière.

— Pourquoi ? demanda le futur candidat à la députation.

— Parce que le phylloxéra a travaillé sa tête ! »

Tous les observateurs sont gens à saillies, et je dois dire, en terminant, que, comme médecin, M. le docteur Solles est aussi capable que beaucoup de ses gros confrères. Comme dessinateur, il a un faible pour les profils qui représentent la tête de Gambetta.

M. DUDON

Les contrastes ne sont pas « ce qu'un vain peuple pense ». Ils prennent place un peu partout naturellement, ce qui permet de dire à l'humanité : « Les contrastes, c'est toi ! » Certain auteur a écrit jadis que l'amour vivait de contrastes. Il y a des auteurs malins. Ceci m'a tout l'air d'être une pierre lancée dans le champ médical en général, et dans le jardin des médecins en particulier.

Mais ne généralisons pas.

Nous sommes au chapitre des contrastes. Ce qui indique suffisamment le motif qui me fait agir quand j'offre au lecteur, dans ma galerie, le docteur Dudon immédiatement après un plat de *Solles*

> Qu'on ne sert pas sans arête...
> Mais Didon dîna, dit-on,
> Du dos d'un dodu Dudon ;
> Alors la sauce est complète !...

M. Dudon est professeur suppléant de clinique chirurgicale. Il n'y a pas de plus grand médecin que lui dans toute la région. Il est grand, si grand, qu'il aurait pu faire un tambour-major. Malheureusement pour l'art où fleurissent batteries et sonneries, l'intellect est chez M. Dudon au niveau du physique — ce qui ne se rencontre pas toujours, — et voilà pourquoi la science a gagné là où Mars a perdu.

Ce professeur adjoint de clinique est cité comme un bel homme aux épaules athlétiques. Il est aussi blond que M. Solles est châtain. Je veux dire par là qu'il est d'un blond *ardent.*

Pour la tenue et pour la mise, il est le seul qui puisse faire ombrage au célèbre Dunois médical qui occupe la place de tambour-major dans ce livre.

Vous ne pouvez voir de chemise plus blanche que celle qui a l'insigne honneur d'envelopper le corps de M. le docteur Dudon ; vous ne verrez pas de gants mieux ajustés que les siens, de redingote mieux faite que la sienne et s'alliant plus artistiquement ; il porte aussi une canne légère et son lorgnon avec une grâce toute particulière : il est vrai que ses yeux réclameraient deux paires de lunettes plutôt qu'une...

> Les yeux sont le miroir de l'âme !
> A dit un grand observateur :
> Eh bien ! l'âme de ce docteur
> Doit être une maîtresse femme !...

M. Dudon passe pour un médecin très-instruit. Je n'ai aucune raison pour ne pas me ranger à cette opinion, puisqu'il est reconnu qu'il a beaucoup de jugement et beaucoup de méthode ; et si l'on peut dire qu'il fait de la chirurgie lentement, on peut affirmer qu'il fait de la bonne chirurgie.

Le champ chirurgical est un terrain où il ne faut

pas aller trop vite en besogne. La réflexion sérieuse, l'observation approfondie, l'horizon du lendemain doivent servir d'auréole au chirurgien intelligent. Malheureusement, Bordeaux possède quelques praticiens qui ne tiennent aucun compte de tout cela, qu'ils considèrent comme un détail pouvant entraver la marche lumineuse de la science.

Ceux-là sont des personnages qui figureraient avec honneur dans les boucheries du quartier de l'Abattoir. Ils sont nés pour être bouchers ou maçons. Ce sont, pour mieux dire, des fléaux patentés des plus dangereux : le nombre des malades qu'ils tuent scientifiquement est supérieur à ceux qu'ils sauvent. On voit le bénéfice qu'en retirent les populations.

C'est entre les mains d'une secte semblable que Fabert tomba un jour. Il était blessé à la jambe, et les médecins décidèrent que l'amputation était indispensable pour sauver la vie du héros dont Metz doit s'enorgueillir. Mais les prières, les supplications trouvèrent le soldat inébranlable : « Je ne veux pas mourir par pièces, dit-il; la mort aura tout ou rien ! »

La mort n'eut rien à ce moment. Fabert conserva sa jambe et guérit parfaitement.

Si M. le docteur Dudon eût été de ceux qui formèrent conseil autour du grand capitaine — dont le nom est synonyme de la plus pure gloire militaire, comme sa statue est le synonyme de la patrie en deuil, — M. le docteur Dudon, dis-je, aurait dit à ses confrères :

« Je suis d'avis que l'on doit essayer de conserver la jambe de Fabert! »

Il ne me reste plus qu'à signaler M. Dudon comme un homme inaccessible aux petitesses, et incapable, par suite, de se laisser aller à des méchancetés confraternelles.

J'apprends au dernier moment qu'il est nommé professeur agrégé (section de chirurgie) à la nouvelle Faculté de Bordeaux.

M. LEGROS

On peut s'appeler Legros et ne pas l'être. Enfin, nous tenons le docteur Legros!

> Quand on fait du contraste, on n'en saurait trop faire :
> En plaçant ce docteur après monsieur Dudon
> C'est imiter ceux qui, dans la gent conseillère,
> Font placer monsieur Jouffre après monsieur Coulon.

Mais les Coulon sont nombreux à Bordeaux, et, comme les Dubreuilh, ils ne veulent pas qu'on les confonde. Il est bien entendu que le Coulon qui termine ce quatrain est l'Achille bordelais!...

Nous tenons donc M. Legros.

Ce docteur au visage allongé est propriétaire d'une grosse tête et d'un gros nez. Une grande disproportion existe entre la partie supérieure de son corps et la partie inférieure. De plus, il cultive son extérieur avec beaucoup de libéralisme. Il aime ses aises, il a horreur des gants beurre frais, des chemises trop empesées; il n'aime pas les habits neufs, et je suis certain que les gilets couleur de serpent qu'affectionne M. Petit-Lafitte ne lui déplairaient pas. Toutes ces petites choses sont un indice flatteur pour l'intellect du docteur Legros :

quand on n'est pas pour la forme, c'est rare si l'on manque de fond.

Ce médecin n'a pas toujours été docteur. Il a débuté dans la vie médicale avec le titre d'officier de santé. C'est à ce titre qu'il servait d'aide-chirurgien au chirurgien Chaumet : qu'il surveillait ses opérés, ses fracturés, ses luxés, etc.; qu'il faisait les pansements en l'absence du maître.

Un jour, une cliente de hasard reçut les premiers soins de M. Legros : il s'agissait d'une fracture. Lorsqu'il fut question de poser l'appareil définitif, la malade exigea l'intervention unique du jeune docteur *****, qui était plus flamboyant, plus *décoré* que l'inculte et peu séduisant docteur Legros.

« Madame, s'écria ce dernier en réponse aux exigences de la donzelle, le docteur Legros a soigné, dans sa carrière, plus de fractures que le docteur ***** n'a vu de malades ! »

C'était la pure vérité. Et si la dame avait tenu à sa jambe avant tout, elle avait plus d'intérêt à se faire soigner par M. Legros que par son flamboyant et cultivé confrère. Après tout, il y a à Bordeaux des dames si pudiques ! C'est peut-être ce sentiment qui commandait chez la Dulcinée dont il s'agit.

Et voilà ce que c'est que de ne pas être physiquement un Mabit ou un Dudon !...

Le docteur Legros vit très-retiré. Il semble ignorer tout ce qui se passe dans le corps médical, absolument comme s'il habitait au milieu d'un désert. Il n'est pas, comme certains de ses confrères, initié aux moindres petits cancans ; ou, du moins, s'il est initié à quelques-uns, ne fait-il pas le métier de colporteur, de mouche du coche. Sa satisfaction est d'aller s'asseoir tous les jours, de quatre à cinq heures, à une place favorite dans un établissement où les colonnes sont nombreuses, si l'on en croit l'enseigne.

Quel est l'âge de M. le docteur Legros? On n'en sait rien. Des anciens prétendent l'avoir connu, et des modernes prétendent que la famille des Legros s'éteindra sans postérité.

M LEVIEUX

Tout le monde connait ce docteur à la longue et luxuriante barbe grisonnante faisant suite à un visage qui pourrait se passer de rallonge.

M. Levieux est fils de médecin, beau-père de médecin, oncle de médecin et chevalier de la Légion d'honneur. C'est une des hautes notabilités de la corporation locale, généralement aimé, généralement estimé, ne voulant faire de mal à personne mais n'ayant pas toujours assez d'énergie pour empêcher d'en faire.

Même quand *Levieux* marche, on sent qu'il a...

qu'il a une voiture, parbleu! N'appartenant pas à la gent ailée, il ne peut avoir d'ailes à son service. Mais je défie bien n'importe quel oiseau de se tenir aussi crânement en voiture que le docteur Levieux. Si les véhicules n'avaient pas existé, il aurait été capable de les inventer. Quand il marche, ainsi que le commun des mortels, sur le pavé de nos rues, on sent qu'il n'est pas *dans* son élément; on devine qu'il est habitué à se faire emporter... qu'il a une voiture enfin!

Cependant, M. Levieux ne va pas en grand équipage. Il me semble le voir encore sur sa voiture, lancée au petit trot, qu'un sévère cocher dirige avec une attention et une conviction qui sont presque de la grandeur d'âme. Ce conducteur doit être quelque peu médecin, ou il se prend peut-être pour un médecin, tant il est sérieux dans ses fonctions; et il ne rirait pas quand bien même voiture, cheval et docteur se démoliraient !

Bien différente est l'attitude du docteur Levieux, qui sourit dans sa barbe, tourne la tête à droite, à gauche, en haut, en bas, regarde ou veut regarder de tous les côtés. On le prendrait pour un Argus chargé de veiller sur les jours de l'*autre*, et l'on pourrait croire que c'est l'*autre* (celui des guides) qui est la science infuse.

En voiture, M. Levieux a toujours été et sera toujours un jeune homme :

> Regardez tous, jeunes et vieux,
> L'homme barbu du véhicule,
> Coiffé d'un chapeau majuscule :
> C'est lui, c'est le docteur Levieux !...

J'oubliais que M. Levieux est l'hygiéniste incarné de l'Administration. C'est peut-être cette importante fonction qui l'oblige à faire manœuvrer sa tête et ses yeux avec une vitesse de cent mouvements à la minute. Hygiène oblige ! Mais charité bien ordonnée commence où l'on sait. Et je ne vois pas pourquoi un homme se *casserait* les yeux et le cou pour ménager les yeux et les cous des autres !

Hygiène oblige !...

Un médecin, dès qu'il est estampillé hygiéniste par l'Administration, n'est plus un médecin : c'est un passe-partout scientifique. Il peut s'introduire où bon lui semble, s'il le juge utile, dans les couvents de femmes comme dans les couvents d'hommes, en haut lieu comme dans les égouts.

M. Levieux est hygiéniste. Bien plus, si l'hygiène n'avait pas existé, il l'aurait inventée. Il aime ça ; il la cultive, comme d'autres cultivent les melons, les feux du Bengale ou autre chose. Il a écrit sur la matière, et avec succès, quantité de brochures où les jeunes médecins peuvent puiser pour le plus grand profit de la carrière qu'ils veulent parcourir. Il est aussi commissaire de surveillance administrative à l'hôpital Saint-André, ce qui fait que l'on voit rarement de malheureuses mères mises dans l'obligation d'accoucher en pleine nuit et en plein vent sur la place Magenta.

Quoique médecin des douaniers, M. le docteur Levieux ne met pas d'entraves à l'établissement des jeunes collègues devenus ses voisins. Il aime à les protéger ; le métier de protecteur fait partie de son caractère... et ses protégés sont sûrs de faire leur chemin.

Il est évident qu'un médecin de douaniers doit être quelque peu pour la protection ; sans cela, il y aurait une de ces anomalies qui jurent dans le tableau.

> Il serait donc protectionniste
> Ce docteur, jadis des plus beaux ?...
> D'autres prétendent, dans Bordeaux,
> Qu'il est parfois libre-échangiste !...

Les honneurs et les dignités sont venus chercher le docteur Levieux dans son hôtel de la rue Margaux, où quelques préfets entraient jadis pour faire de l'hygiène à coups de fourchette. On m'a assuré même que le vin qui s'y buvait n'avait rien de commun avec cette fameuse *boisson à dix centimes* qui florissait il y a quelques années dans notre bonne ville, boisson qui, soit dit en passant, ne me paraissait pas très-hygiénique.

M. Levieux est un homme affable, de savoir et de bon ton, qui possède l'intelligence professionnelle. Son nom s'éteindra — c'est un nom si vieux ! — mais il restera un stock considérable de collatérales et de collatéraux.

M. HIRIGOYEN

De même que son beau-frère Levieux aurait inventé la voiture-hygiène si elle n'avait pas existé à notre époque, M. le docteur Hirigoyen aurait été capable de créer l'apathie, si l'apathie avait été chose à créer.

M. Hirigoyen est un de ces hommes qui ont besoin d'être poussés. (Par là, il n'a rien de commun avec les autres doctes membres de sa famille.) Et il est poussé. Le docteur Levieux le pousse à droite, tandis que le docteur-gendre le pousse à gauche. Il est fâcheux qu'il n'y ait pas dans le cousinage un tiers scientifique pour le pousser d'un autre côté!

Médecin instruit, laissant tomber son opinion thérapeutique dans une consultation sans y attacher trop d'importance, — à l'opposé de certains de ses collègues qui ont toujours l'air d'avoir découvert la poudre, l'imprimerie, la galvanoplastie ou le téléphone, — fils d'un ancien professeur libre, M. Hirigoyen est un type entre tous les types, et il a eu ses moments de splendeur. Mais aujourd'hui il est comme le voyageur fatigué d'une bien longue course : il marche sans se hâter. Il marche cependant. Entre temps, il corrige les thèmes et les versions de son fils ; il admire Senèque et s'étonne de trouver chez ce philosophe païen une doctrine que des théologiens ne dédaigneraient pas ; et il fait des discours châtiés pour les solennités de la Société protectrice de l'Enfance, dont il a la présidence, toujours grâce aux poussées collatérales.

Du reste, je dois avouer que la critique n'a guère de prise sur M. le docteur Hirigoyen. L'apathie — ne pas confondre avec la marquise de Caux — est une sorte de vertu qui met ses favoris à l'abri des extrêmes bons ou mauvais. Quand on est tiède, on ne risque ni de brûler ni de glacer personne. Il y a un juste milieu en médecine comme en politique, — seringue à part.

M. Hirigoyen est classé dans ce milieu. Cependant on l'a surpris, un jour, allant chercher ses états de service à l'administration des Hospices. Est-ce qu'il n'y aurait pas derrière cette démarche la puissante poussée du tout-puissant beau-frère de la rue Margaux. Anjourd'hui qu'il est tant question de la protection de l'enfance, quel mal y aurait-il à protéger les grands qui protègent les petits ?

Mais, je le répète, M. le docteur Hirigoyen n'appartient pas à cette classe d'ambitieux vulgaires qui veulent arriver n'importe comment, qui souvent même arrivent à leur but grâce à une intrigue incessante ; — il est, au contraire, de ceux pour lesquels il faut intriguer : ce qui prouve qu'il n'est pas sans valeur ; et si jamais il arrive à quelque haute situation, soyez persuadés que ce ne sera pas sa faute : il y aura été poussé.

M. ARMAINGAUD

M. Armaingaud a fait la campagne de 1870-71 comme médecin-major de 2ᵉ classe à la 1ʳᵉ légion des mobilisés de la Gironde. Il était là sous les ordres du haut et puissant médecin-major de 1ʳᵉ classe Lugeol, que nous retrouverons plus tard dans cette galerie. Je vais me borner à dire ici qu'à la 1ʳᵉ légion on préférait sous tous les rapports le docteur Armaingaud au docteur Lugeol. Chacun son goût.

Après la paix, le docteur Armaingaud rentra à Bordeaux, où il continua civilement ses fonctions médicales. Il se voua à l'hygiène. C'était une heureuse idée. Quel champ vaste pour le travailleur!

Ses premiers travaux constituaient une véritable lutte contre l'hygiène officielle ou administrative. Ses prédispositions jetèrent l'éveil quelque part. On trouva le moyen de tempérer son humeur agressive et batailleuse en l'incorporant dans le Conseil de salubrité.

Maintenant qu'il a sa place au soleil officiel, il se taira.

J'ai souvenir de la *première* de ce docteur, relativement jeune, qui paraît avoir du vif argent *pro-*

fessionnel dans les veines. Il avait pour parrain introducteur l'honorable M. Marius Faget, l'intelligent adjoint délégué aux beaux-arts. Un public assez choisi remplissait la salle. Quand le parrain eut ouvert la porte orale par laquelle devait passer le bébé conférencier, ce dernier prit la parole, et, dès le début, donna à comprendre qu'il n'était pas orateur. Il était trop possesseur de son sujet par la base pour pouvoir en obtenir une heureuse diffusion. C'était un amas de répétitions qui ramenaient sans cesse au point de départ. Il y avait aussi l'émotion, cette inévitable compagne de tout débutant.

Bref, le conférencier hygiéniste obtint grandement l'indulgence de ses auditeurs, qui, ne considérant la forme que comme un accessoire en la matière, saisirent parfaitement la valeur des données qui servaient de base à la conférence.

M. Armaingaud a obtenu depuis une mention honorable, qui lui a été décernée par l'Académie pour une communication relative à certains nerfs trop inconnus des profanes pour qu'il soit nécessaire d'en faire ici quelque énumération.

Les nerfs, c'est quelque chose de diabolique : ces satanés ont tenu tête jusqu'à présent aux hommes de science les plus expérimentés ; si le docteur Armaingaud parvient à faire entendre tant soit peu raison à l'un de ces entêtés, il pourra se flatter d'avoir accompli un prodige.

Mais il y a tant d'espèces de nerfs, parmi lesquels on distingue le nerf de la guerre, le plus fameux, dit-on.

Il y a aussi le *nerf gordien.* C'est peut-être celui-là que notre hygiéniste avait en vue dans sa campagne contre l'hygiène officielle?

L'a-t-il tranché ou l'a-t-il dénoué? Peu importe! Il a fait petit Alexandre.

Comme conséquence de tous ses exploits, le docteur Armaingaud a cru finalement devoir prendre possession de l'ancien domicile du docteur-chirurgien Dupuy. Ceci faisant, a-t-il pensé bénéficier de la succession du préoccupant?

Hélas! l'empire du grand Alexandre s'est gaspillé peut-être entre ses nombreux lieutenants!

Mais ce qu'il y a de certain, c'est que M. Armaingaud vient d'être chargé des fonctions d'agrégé (section de médecine) à la Faculté mixte de médecine de Bordeaux.

M. MANDILLON

A peine venu du Languedoc, ce docteur s'établit de plus en plus dans la capitale de la Guyenne. D'abord médecin-adjoint des hôpitaux, le voilà présentement rédacteur d'un journal de médecine, en compagnie du docteur-achate Obissier.

M. Mandillon est un beau garçon, au visage mâle, au teint bruni, à la chevelure épaisse et noire comme l'ébène ; mais sa parole est peu harmonieuse et trop accentuée. Pour l'extérieur, ce n'est pas un Mabit ; pour le fond, il est peut-être supérieur au président à vie de l'Association médicale.

Ce docteur n'a pas eu le temps de se faire d'ennemis. S'il a des jaloux, ils n'ont pas osé se montrer. Mais attendons !

Donc, M. Mandillon ne doit pas trop s'endormir au milieu d'une satisfaisante aurore médicale, s'il veut éviter la surprise d'un crépuscule anticipé.

Il est bon de noter qu'à Bordeaux, soit dans le négoce, soit dans la science, soit ailleurs, il faut se tenir éveillé si l'on veut arriver à l'endroit marqué par son bagage. Sans cela, on arriverait bon troisième, sinon quatrième ou cinquième.

M. le docteur Mandillon est un écrivain plein de

dispositions. Le style qu'il a employé dans ses *Bluettes littéro-médicales*, signées « *un Docteur ariégeois* », n'indique pas un littérateur vulgaire.

De sa plume, passons à sa fourchette. Pharmaciens et médecins en parlent avec avantage. Je regrette que ma situation d'*étranger* — de profane — ne me permette pas de pouvoir « constater » *de visu* les exploits de la fourchette : je n'ai pu que « savourer » ceux de la plume. Et je suis satisfait. La preuve, c'est que je vais me borner à dire, comme conclusion, que M. Mandillon est un médecin d'avenir.

Il y a du fond chez ce docteur. Peu importe que le trident Christophle soit chez lui au même actif que l'acier Blanzy-Poure, si ces deux accessoires justifient les moyens.

M. CHABRELY

Il y a assez longtemps que nous nous occupons des médecins de la grand'ville. Si nous passions le pont de pierre, en guise de distraction, pour entrer à La Bastide, peut-être rencontrerions-nous le docteur Chabrely.

Ce docteur est fils d'un officier de santé dont il a fait écrire la biographie dans un grand dictionnaire de médecine au moyen de notes remises par lui. Ce détail n'a pas d'importance.

Le territoire médical du quartier de La Bastide semble appartenir à l'Esculape bastidien. Il n'entend pas qu'un confrère s'y établisse ; et sa devise est celle-ci : « Je suffis à cette population. Je vous laisse Bordeaux : laissez-moi La Bastide ! »

Ceci me rappelle deux fortes têtes du crû bordelais, le père et le fils, qui cultivaient les actrices. Le père avait une position qui lui donnait un certain empire sur ces dames. C'était un véritable Tarquin plus ou moins superbe. L'héritier présomptif apprend, un jour, qu'une des pensionnaires du Théâtre-Français était lorgnée par son générateur ; alors il devint rouge de colère jusque dans ses longs favoris ardents, et s'écria plein de dépit : « Je laisse à mon père le Grand-Théâtre : il pourrait bien me laisser le Théâtre-Français ! » Eh oui ! il aurait dû le lui laisser !... O vertu des classes dirigeantes !

Supposons que La Bastide est le Théâtre-Français : Médecins de Bordeaux, *mes amis*, contentez-vous du Grand-Théâtre ! Et si vous ne voulez pas laisser les roses aux rosiers, laissez du moins à Chabrely des malades sur lesquels lui seul doit avoir des droits !...

Le docteur Chabrely est non-seulement roide de caractère, mais il est mordant. Il passe pour un homme instruit. Il méprise les honneurs : nommé au concours professeur suppléant d'anatomie et de physiologie, il a donné sa démission. Il a fait ses études ou une partie de ses études au Petit Séminaire de Bordeaux. A ce propos, je dois citer un fait qu'on ignore généralement : c'est qu'un grand nombre de nos illustrations médicales bordelaises sont sorties de cette institution : MM. Henri Gintrac, Lachaze, Plumeau, Bitot, Segay, Marmisse, Duvignaud, Lapeyronie, Dupin, Landar, Léonidas Dubreuilh, entre autres.

M. le docteur Chabrely, qui pratique sur le terrain de la Compagnie d'Orléans, serait-il médecin de son personnel ? Si je pose cette question, c'est parce que l'on m'a assuré qu'autrefois il n'était pas en très-bons termes avec M. le docteur Puydebat, qui régnait alors en maître sur les locomotives et leurs accessoires mammifères.

Mais, connaissant le caractère du docteur Chabrely, j'ai hâte de quitter son domaine. C'est un terrain qui lui appartient. Dieu me garde de lui porter ombrage!

> Fatal oracle d'Épidaure,
> Tu me dis : « Les feuilles des bois
> A tes yeux jauniront encore,
> Mais c'est pour la dernière fois... »

Il est entendu que c'est une invite pour que je songe à quitter La Bastide.

Docteur, bien le bonjour!

Et nous allons repasser le pont!

M. LAMARQUE

Après avoir repassé le pont et traversé la place Bourgogne, nous allons probablement rencontrer le docteur Lamarque.

Tenez! le voici qui débite des vers à des promeneurs mêlés :

> Lamarque, tout petit, au folâtre cerveau,
> Qui n'est point Nélaton, encore moins Velpeau,
> Est un original, un rieur; mais, en somme,
> S'il est docteur d'un bout, d'autre bout il est homme!
> Il connaît la nature et ses nombreux besoins;
> Le sexe faible ou fort peut réclamer ses soins...
> Vous tous, jeunes ou vieux, femmes faites ou filles,
> Approchez, approchez; pour vous, j'ai des pastilles.
> Des douceurs je chéris la très-puissante loi.
> Approchez, les amis; car Lamarque, c'est moi!

M. Lamarque est un petit homme de noir tout habillé, agile, maigrelet, dont le col allongé est orné d'une blanche cravate, insigne consacré par le temps et délaissé par la mode. Depuis quarante et un ans qu'il exerce dans cette bonne ville de Bordeaux, il a toujours trouvé le moyen d'égayer ses courses vagabondes et de chasser, chemin faisant, les ombres irritées de ses victimes passées ou présentes.

Les bouts-rimés sont chez lui une habitude, la satire une toquade et le sonnet un passe-temps. Il n'est pas de fillette, de cuisinière ou de nourrice qui n'aient eu à essuyer le feu des faveurs poétiques du bon docteur Lamarque, qui, une main gantée et l'autre pas, accompagne d'un geste aussi gracieux que son sourire la déclaration amoureuse qu'il met aux pieds de la belle interpellée :

> O blonde enfant, fleur exilée
> Parmi d'autres fleurs ici-bas,
> Que n'êtes-vous ma consolée !
> Pour vous mon cœur ne bat-il pas ?...
>
> Comme la rose après l'orage
> Relève son calice au ciel,
> Que vos yeux bleus soient l'arc-en-ciel
> Qui brille à travers le nuage !...
>
> O rêve de mes nuits ! ô soleil de mes jours !
> Heure ardente qui sonne aux battants des amours !
> Vous êtes mon espoir, mon idole ; ô cher ange,
> Mon cœur vous est ouvert comme un portail de grange !

Quelquefois, cependant, la folle du logis s'agite dans la mesure, et Pégase docile permet à notre héros de chanter en beaux et bons vers la vérité de chacun. Sans craindre personne, comme Durandal, M. Lamarque appelle un chat un chat et Rollet... un médecin militaire en retraite.

Heureux docteur ! que vous connaissez bien notre pauvre nature, et, quoique bien petit, combien je vous trouve grand d'avoir su vous affranchir du joug confraternel, espèce de compromis inventé par les sots et conservé pour eux.

« La science va à pied, l'ignorance en voiture ! » dit solennellement M. le docteur Lamarque au client importun et malavisé qui s'étonne de le voir sillonner la ville en tous sens, les jambes sur son cou... Lamarque fatigué ! Jamais, jamais ! « Je viens de Bacalan et je vais à Brienne ; de là je cours à La Bastide — ô Chabrely ! — pour aller à Caudéran ; je marche, je cours, je saute, je danse même ! »

Et, sur ce, il vous exécute un entrechat à faire envie aux abonnés du Petit-Fresquet ou de l'Alhambra. Quelquefois, il n'est pas seul à se livrer à cet exercice : un joli minois se fait un vrai plaisir de lui faire vis-à-vis.

Le docteur Lamarque est aussi bon médecin qu'un autre ; il fait aussi bien les vers que Cyprien ; mais il ne chante pas tout à fait aussi bien que Vergely. Ça viendra peut-être. A chaque jour suffit sa peine.

Et cependant les ans sont là, impitoyables, qui, par des rapprochements incestueux, tracent sur sa physionomie l'irréparable outrage !

Qu'importe encore ! Nous avons toujours devant nous :

> Lamarque tout petit, au folâtre cerveau,
> Qui n'est point Nélaton, encore moins Velpeau.
> Il est original, franc rieur ; mais, en somme,
> S'il est docteur d'un bout, d'autre bout il est homme !

La preuve, c'est qu'il ne porte ni caleçon ni gilet de flanelle. Au besoin il vous convierait à fourrer la main *dans* son échine et il relèverait ses pantalons pour fournir des preuves à l'appui. Et je dois noter un fait caractéristique qui est indispensable pour achever le portrait du docteur.

Il s'agissait, un certain jour, de goûter médicalement quelque chose de peu appétissant.

« Qui veut tenter l'expérience ? demanda un vieil Esculape.

— Moi ! s'empressa de répondre M. Lamarque, qui trempa immédiatement son doigt dans le liquide et le porta ensuite à sa bouche sans s'émouvoir le moins du monde.

C'était de l'héroïsme professionnel ! héroïsme qui laisse bien loin derrière lui cette « dignité, cette honorabilité et ce dévouement professionnels » qui naissent si aisément aux alentours des amygdales du plus musqué des docteurs bordelais.

M. LE BARILLIER

Le docteur Le Barillier est un de ces types qu'il suffit d'avoir vu une fois pour ne les point oublier. Comme tenue, il appartient à cette génération dont il ne reste plus à Bordeaux que quelques rares débris. Il est grand, toujours habillé de noir et marche sur un flanc.

Ses cheveux, collés sur les tempes (c'est dire qu'il en a) et rassemblés en pointe sur le sommet du front, rappellent le règne bourgeois sous lequel cette coiffure prit naissance. Un tronc de cône, dit chapeau de soie, abrite le sommet de ce grand corps et l'allonge d'autant.

En pareille occurence, la cravate blanche est de rigueur. Aussi notre excellent docteur a-t-il le soin de fixer plus ou moins solidement un nœud tout fait à un col qui n'a pour congénères, de nos jours, que ceux portés par certains cochers de bonne maison. La redingote boutonnée et la canne à pomme d'or complètent l'accoutrement.

Au temps où florissait M. de Bethmann comme maire de Bordeaux, M. Le Barillier florissait comme médecin du chef de la municipalité.

La mairie, sous M. de Bethmann, avait chargé les

docteurs Le Barillier, Montalier et Péry de vacciner Bordeaux avec du vaccin tiré d'une génisse vaccinée. On était en période épidémique. Cet acte décentralisateur fit merveille... comme les chassepots à Mentana. La génisse bordelaise — il y avait à cette époque des génisses à Bordeaux — produisit autre chose que du vaccin... pour M. Le Barillier.

Le titre de Médecin des enfants assistés a fait vibrer parfois la corde sensible qui stationne comme portière dans le cœur des mères timorées. Pendant longtemps on a cru, dans notre bonne ville, que la plus grande partie de la marmaille bordelaise devait la vie à l'excellent docteur. Bonnes mères! Pauvres petiots!...

Entre autres qualités, le docteur Le Barillier en possède une qui n'a pas la moindre affinité avec la personne du docteur Azam, son voisin de la rue Vital-Carles : il invite les internes à dîner.

A propos de ces dîners, on m'a raconté une petite histoire. Il paraîtrait que, du vaste balcon, dominant la rue, qui sert de fumoir au docte maître de céans, les malins de la *carabinerie* ont fait maintes fois des niches à leur vénéré maître Azam, qu'un sort malencontreux mettait à portée de leurs projectiles. Les ingrats! Ils n'avaient plus à la mémoire les melons traditionnels, cadeau accompagné d'un sourire du généreux chef, et les largesses de M. Le Barillier les aveuglait à ce point qu'ils ne voyaient sur cette terre qu'un objet digne de leur attention : le chapeau de M. Azam.

O ingratitude ! tu n'es pas un vain mot !... Oublier les melons, c'est oublier l'histoire. Les melons, à eux seuls, ont jeté dans la tombe quatre empereurs romains...

>Un carabin dans l'allégresse
>N'est qu'un charmant petit démon
>Capable de scélératesse
>Vis-à-vis de tout Harpagon...
>Partisan de la chape-chute :
>S'il flûte en tout autre cellier,
>Il ne voit dans Le Barillier
>Que le docteur Le Bariflûte !...

Après tout, on était peut-être à la saison des oranges...

En attendant celle des melons, qui arrive tous les jours, je dois signaler une particularité du docteur Le Barillier. On m'a assuré qu'il avait une manière à lui pour ausculter ses malades. Jamais il ne se sert du stéthoscope pour cette opération appelée médiate par le fait de l'instrument, et quand il fait de l'auscultation immédiate, il se tient à distance et n'approche point son oreille de la poitrine du malade.

Pendant la guerre de 1870, le Médecin des enfants fut chargé d'inspecter les bandes et la charpie destinées à nos braves qui se faisaient écharper sur les champs de bataille. Et ces bandes et cette charpie me rappellent un fait : j'oubliais de dire que M. le docteur Le Barillier est chevalier de la Légion d'honneur.

Quant à la génisse, elle offre à la mémoire certains dîners succulents servis à des confrères choisis, avec le concours du maire de Bethmann, dîners où le Château-Laroze était chanté avec enthousiasme. C'était le bon temps alors. Pourquoi faut-il que les bons clients s'en aillent aussi bien que les mauvais ?

Tout bien considéré, il faut reconnaître que M. le docteur Le Barillier a eu ses moments de splendeur, récompense légitime sans doute; mais on doit dire aussi qu'il a fait de la médecine dans des conditions qui la rendaient très-agréable à faire. Son nom s'éteindra probablement comme celui du docteur Levieux; mais on peut quand même assurer que si l'on meurt dans sa famille faute de soins, ce ne sera pas faute de médecins : il y en a par tous les bouts !

M. BUISSON

Homme petit, sec, pâle, ayant été très-blond dans son enfance, portant longue redingote, binocle d'or quand il lit, le docteur Buisson est propriétaire d'un visage qui est le véritable miroir de son caractère : il est constamment en contraction, qu'il soit sous l'influence de la parole ou sous l'influence de la pensée.

En regardant son visage, on peut deviner si le docteur Buisson pense ou médite quelque trait spirituel ou caustique. Le mouvement qui domine sur cet ensemble de muscles qui forme la physionomie est le rire ou le sourire. Pourtant la colère et l'indignation y provoquent quelquefois des mouvements convulsifs :

C'est un buisson ! c'est un buisson !...

Ce qui caractérise ce praticien bordelais, c'est son indépendance radieuse au milieu du servilisme qui hante toutes sortes de confréries en général et la confrérie médicale en particulier. Il ne s'est jamais inféodé à aucune des petites églises, quoiqu'il les fréquentât toutes, disant à chacune d'elles ses vérités, ou du moins son opinion, quelle qu'elle fût.

« Ah! c'est un Buisson peu commode! »
Songeaient certains en l'entendant.
D'autres disaient : « Buisson rapsode! »
Quand il était Buisson ardent!....

On prétend que ce médecin réciterait par ordre alphabétique tous les mots du dictionnaire. Ce qui est vrai, c'est qu'il a une volubilité de parole vraiment vertigineuse. Dans une assemblée, il serait capable de soutenir toutes les causes, toutes les thèses, quitte à relever un quart d'heure après la doctrine qu'il vient de terrasser. C'est un tournoi qui lui plaît, qui l'amuse beaucoup, et qu'il vous proposera lui-même sans malice, sans arrière-pensée, tout franchement. On ne peut lui en vouloir quand on songe qu'un grand prédicateur laissa tomber un jour cette phrase sur un auditoire choisi où se trouvait le roi-soleil : « Je viens de vous prouver qu'il y a un Dieu; maintenant, si vous le voulez, je vais vous prouver qu'il n'y en a pas! »

Après une discussion très-animée avec une partie adverse qu'il a mordue, déchirée, entamée au vif, notre docteur s'en va bras dessus bras dessous avec elle, si elle n'a pas trop mauvais caractère. L'échafaudage construit avec la solidité la plus apparente, il vous le démolira pièce à pièce en faisant rire la galerie.

On m'a rapporté l'anecdote suivante, qui aurait pris naissance au Congrès médical de 1865 :

Le défunt docteur Soulé, médecin en chef du

Midi, avait eu la malencontreuse idée de présenter un volumineux Mémoire sur les maladies du personnel de la Compagnie, employés et ouvriers des ateliers. Au moment où il en achevait la lecture, le docteur Buisson monta à la tribune avec la rapidité de l'écureuil, et il prouva par $A + B$, au grand ébahissement de tout le Congrès, que la dissertation du docteur Soulé ne reposait sur aucun document sérieux. « Les médecins du Midi, s'écria-t-il en riant, sont moins aptes que les autres praticiens, leurs confrères, pour écrire des Mémoires sur les maladies qui sévissent dans leur empire. Ils sont les derniers à pouvoir apprécier des maux qu'ils ne soignent pas ! » Et il exhiba des pièces à l'appui qui n'étaient pas flatteuses pour les médecins de cette administration. Le pauvre docteur Soulé fut atterré, et l'on n'entendit plus parler de son Mémoire.

Le docteur Buisson n'a jamais été ni président, ni secrétaire, pas même simple rapporteur de n'importe quoi. La cause, il la donne lui-même en plaisantant : c'est qu'il est bien plus *libre diseur* que *libre penseur*. Il est cependant franc-maçon. C'est donc une forte tête ? Eh oui ! puisqu'il a soutenu haut et ferme, dans sa loge, la vieille base de cette institution proclamant l'existence du Grand Architecte de l'Univers, c'est-à-dire l'existence de Dieu, qui a pour conséquence l'immortalité de l'âme.

Ce qui s'est passé tout récemment dans la franc-maçonnerie a dû affliger le docteur Buisson et lui causer des contractions nerveuses. Qu'il se console et qu'il se rassure : les malins esprits-forts qui s'érigent en sapeurs ne saperont rien du tout, et ils seront sapés eux-mêmes avant qu'ils aient touché de la valeur d'un cheveu à la grande base fondamentale dont la création n'est que l'évidence. Les bouillants adeptes du superficiel sans frein ni guides s'éloignent d'autant du fond qu'ils s'élèvent dans les nues de la forme : la forme, c'est la bêtise; le fond, c'est la raison !

Le docteur Buisson termine la première série des *Médecins bordelais*. J'ai dit, dès le début, que je prendrais les personnages au hasard, sans m'inquiéter de n'importe quel classement, suivant que leur nom me viendrait à la mémoire, et c'est une sorte de fatalité qui veut qu'un médecin portant un nom significatif serve de clôture.

Pour ma part, j'en suis satisfait, étant persuadé que les haies vives sont des haies de première qualité; mais une haie formée par le buisson ne fait-elle pas soupçonner — en dehors des escargots — des épines pour l'avenir ?

C'est ce que nous verrons prochainement, car la deuxième série des *Médecins bordelais* comprendra probablement les professeurs et les agrégés de la Faculté de Médecine dont les noms ont paru à l'*Officiel* tout récemment. A tous seigneurs, tous honneurs ! Peut-être que la critique, cette vieille tracassière qui se désaltère dans Jouvence, aura quelque prise sur les doctes voyageurs qui viennent d'aborder heureusement avec gros ou minces bagages, dans la mer scientifique qui baigne le temple de la moderne Épidaure ?

PETITE CORRESPONDANCE

RÉPONSE A UNE JUIVE

J'ai reçu communication d'une brochure intitulée : *Réponse d'une Juive à l'Auteur de* BORDELAISES ET BORDELAIS, qui débute ainsi :

« Monsieur,

» Je viens de lire votre spirituelle critique sur les Bordelaises et Bordelais. En effet, les types y sont si bien dépeints, le caractère naturel de notre bonne ville si bien décrit, que force m'a été de rire aux dépens de nos propres travers, et là encore j'ai fait preuve du bon caractère que vous nous attribuez. Il est certain, je l'avoue, que l'esprit amuse, et c'est le sourire aux lèvres que j'interromps ma lecture sur les Bordelaises pour reprendre la suite sur les Bordelais.

» Chartronnais et Rousselins sont si vrais, que mon hilarité ne le cède en rien à la gaîté que m'a fait éprouver l'histoire des dames de Bordeaux ; puis, au milieu de ce déluge de plaisanteries de bon goût, mes yeux étonnés tombent sur un passage acerbe, méchant et railleur. Je lis donc : « Mais seuls les » Auvergnats-Bordelais peuvent lutter de finesse, pour essayer » d'en *revendre* à ces loustics de premier ordre, à ces madrés

» de naissance qui représentent la tribu d'Israël, qui pullulent
» à Bordeaux. » Puis rien de plus! Ainsi, ce n'est plus de l'esprit, c'est du parti-pris et aussi la vieille animosité.

» Je réponds sans me fâcher, je vous assure, mais profondément triste, de trouver en plein xixe siècle un homme intelligent avec de pareils sentiments. Ce reproche pourrait tomber d'un mot, mais je découvre au fond de ces trivialités tout un monde de graves questions soulevées éternellement contre les Juifs de tous les pays; je veux une bonne fois les combattre en face.

» Ce que vous reprochez aux Juifs plus particulièrement, c'est l'amour du négoce. Pour vous répondre, il faut presque refaire notre histoire... »

Je dois d'abord reproduire en entier l'alinéa de la page 40 de *Bordelaises et Bordelais* qui m'a valu les honneurs d'une quasi-interpellation : « Du petit au grand, du grand au petit, dans le négoce bordelais — où les Auvergnats ne manquent pas, — on possède par intuition l'esprit mercantile, sinon l'esprit gaulois; mais seuls les Auvergnats-Bordelais peuvent lutter de finesse pour essayer d'en *revendre* à ces loustics de premier ordre, à ces madrés de naissance, qui représentent la tribu d'Israël, qui pullulent à Bordeaux et qui y sont plus solidement enracinés que n'importe qui. »

Après avoir complété la citation, je vais répondre courtoisement, mais pas le moins du monde attristé de trouver en plein dix-neuvième siècle une femme intelligente qui ait pu se méprendre sur mes sentiments. C'est de la discussion que jaillit la vérité, et je remercie l'auteur de la brochure de me fournir une aussi belle occasion de m'expliquer.

Je dois dire que je n'ai pas fait de grands efforts pour soulever le voile qui recouvre la personnalité de l'aimable Juive qui me prend à partie. Si j'avais voulu sérieusement approfondir, je n'aurais eu qu'à franchir le seuil d'un consulat, aux armes majestueuses entre toutes, situé dans une de nos rues les plus fréquentées. Là j'aurais trouvé, en même temps que des brochures imprimées sur papier de luxe, à couverture bleue, des renseignements précis. Mais, je le répète, je ne veux ni ne dois soulever le voile. C'est UNE JUIVE qui a signé la brochure que j'ai reçue : c'est purement et simplement à UNE JUIVE que je réponds :

RÉPONSE

de l'auteur de BORDELAISES ET BORDELAIS

à une Juive bordelaise.

Madame,

J'ai lu votre brochure avec intérêt, non par la raison qu'elle s'adressait à mon infime personnalité, mais parce qu'elle est caractérisée : quiconque a le courage de son opinion est digne de s'asseoir à tous les foyers !

Votre susceptibilité à l'égard de tout ce qui touche à votre religion — je veux dire à votre grande famille — n'est autre chose qu'une petite sœur de ce que nous appelons le patriotisme, culte civique grand dans son essence, mais qui n'en est pas moins accessible aux faiblesses qui peuvent avoir pour conséquence des moments d'aveuglement.

Vous avez cru voir « le parti-pris et la vieille animosité » là où il n'y avait de relaté qu'une observation indiquée sans arrière-pensée. Et pour vous convaincre de la vérité fondamentale et générale du passage qui vous a frappée, vous n'avez qu'à relire attentivement l'historique de la race juive que vous avez décrit vous-même.

Votre réponse, Madame, est logiquement le plus formidable raisonnement qui puisse venir à l'appui de l'opinion que j'ai émise. Il est évident que, sans ce caractère particulier que j'ai indiqué comme étant le propre de la race juive, ni vous ni vos coreligionnaires ne seriez à Bordeaux. (Voyez le dernier alinéa de la page 6 de votre brochure.)

Il ne reste donc que la question d'animosité que vous avez cru découvrir entre les lignes. Cette animosité existe-t-elle? Je crois que le mot *rivalité* serait plus propre à caractériser le point en litige. Et cette rivalité sur laquelle on se méprend n'est-elle pas universelle? C'est l'aiguillon inévitable qui se fait sentir plus ou moins entre Juifs, entre Catholiques, entre négociants, entre industriels, partout, partout!...

Je ne crois pas que l'animosité à laquelle vous faites allusion existe autrement que très-superficiellement, ce qui la détruit au fond. Si un Juif allait frapper à la porte d'un Catholique pour lui demander un service, cette porte s'ouvrirait à deux battants, et je suis persuadé que si le Catholique avait besoin du Juif, ce dernier serait très-heureux de lui prêter son concours.

Vous voyez que, foncièrement, il n'est pas d'animosité. Quant à la méfiance que vous semblez discerner, regardez autour de vous, vous la trouverez dans vos rangs; nous la trouverions dans les nôtres ; on la trouverait partout. Mais ceci est du ressort des particularités, qui entraveraient toutes discussions sérieuses, philosophiques ou autres, si l'on s'y arrêtait et si l'on voulait y attacher une importance qui ne peut pas, qui ne doit pas exister.

Les défauts que nous pourrions découvrir dans l'ensemble de la race juive, est-ce que nous ne les découvririons pas à un égal degré chez les Catholiques? Si ces derniers gagnaient des avantages sur un point, ne les perdraient-ils pas sur un autre? L'union confraternelle qui abrite sous son drapeau la grande famille juive — union que vous signalez avec un légitime orgueil — suffit pour contre-balancer les autres vertus qui peuvent être à l'actif des disciples du Catholicisme. S'il est des Juifs par trop *juifs*, que de Catholiques qui ne le sont pas !

Quant à ce qui a trait aux religions, je suis persuadé que toutes sont bonnes et méritent le même respect. Il n'appartient qu'aux hommes chez lesquels la matière commande de faire l'apologie de telle religion au détriment de telle autre, et rien ne m'afflige davantage que de voir surgir des petitesses indignes dans ce champ sacré qui devrait être un grand point de ralliement et qui n'est souvent qu'une pomme de discorde.

En fait de religion, il n'en existe qu'une : celle de la conscience, que l'on soit Juif ou que l'on soit Catholique ; et s'il y a autant de religions qu'il y a de consciences, on doit être assuré que toutes ces consciences ont pour point de repère une grande Unité.

Supprimez le fatalisme et admettez purement et simplement le libre arbitre, vous verrez ce qui restera de l'humanité. Non ! non ! on ne peut assumer qu'un rôle secondaire aux multitudes innombrables qui se meuvent plus ou moins misérablement sur la surface des mondes (un mystère impénétrable, aussi grand que l'homme est petit, plane au-dessus de chaque existence). Le contraire serait la négation de la puissance occulte qui gouverne, et nous montrerait le Grand Architecte de l'Univers comme une divinité malfaisante.

Étant donnée cette religion de la conscience qui m'ordonne de discerner dans l'horizon de l'infini le grand principe de la solidarité générale universelle, qui ne peut qu'être pressenti, il est vrai, mais qui n'existe pas moins fondamentalement, comment voulez-vous, Madame, que je puisse nourrir sérieusement les sentiments pervers d'une « vieille animosité » non-seulement vis-à-vis des Juifs, mais encore vis-à-vis de toute autre secte, de toute autre race, de tout autre peuple? S'il en était ainsi, je serais le plus illogique des hommes, je serais accessible aux petitesses! Dieu merci, cela n'est pas. Et le jour où l'on me verra en contradiction avec mes écrits, on me rendra service de me rappeler à ce sentiment de la dignité personnelle qui est pour moi l'objet d'un culte ici-bas!

J'espère en avoir dit assez, Madame, pour vous convaincre. Je pourrais même ajouter qu'ayant à choisir entre les deux écoles philosophiques, celle de Socrate et celle d'Aristote, ma raison et ma conscience ne m'ont pas permis la moindre hésitation. Quand on se fait une gloire d'appartenir à l'école de Socrate, on ne peut nourrir ces sentiments de « vieille animosité » qui, pris dans leur essence, ne sont autre chose qu'un acheminement aux guerres les plus insensées, les plus criminelles : les guerres de religion!

Sur ce, Madame, avec mes félicitations sur votre caractère et sur vos dispositions littéraires, veuillez recevoir l'assurance de ma considération.

A. L.-L...

TABLE DES MATIÈRES

Aux lecteurs...	3
M. Mabit...	9
M. Charles Dubreuilh.................................	15
M. Delmas...	19
M. Gyoux..	23
M. Lafargue..	27
M. Marx	31
M. Duvignaud...	35
M. Léonidas Dubreuilh...............................	39
M. de Fleury...	43
M. Gateuil...	45
M. Espinouse..	49
M. Caboy..	55
M. Riquard...	57
M. Solles..	61
M. Dudon..	65
M. Legros...	69
M. Levieux..	73
M. Hirigoyen...	77
M. Armaingaud..	79
M. Mandillon...	83
M. Chabrely..	85
M. Lamarque..	89
M. Le Barillier...	93
M. Buisson...	97
Petite correspondance (Réponse à une Juive)........	105

www.ingramcontent.com/pod-product-compliance
Lightning Source LLC
Chambersburg PA
CBHW070246100426
42743CB00011B/2155